HOMEM INVISÍVEL

Editora Appris Ltda.
1.ª Edição - Copyright© 2024 do autor
Direitos de Edição Reservados à Editora Appris Ltda.

Nenhuma parte desta obra poderá ser utilizada indevidamente, sem estar de acordo com a Lei nº 9.610/98. Se incorreções forem encontradas, serão de exclusiva responsabilidade de seus organizadores. Foi realizado o Depósito Legal na Fundação Biblioteca Nacional, de acordo com as Leis nos 10.994, de 14/12/2004, e 12.192, de 14/01/2010.

Catalogação na Fonte
Elaborado por: Dayanne Leal Souza
Bibliotecária CRB 9/2162

H677h 2024	HKappel Homem invisível / HKappel. – 1. ed. – Curitiba: Appris, 2024. 99 p. : il. ; 21 cm. ISBN 978-65-250-7097-1 1. Jesus. 2. Down. 3. Invisível. I. HKappel. II. Título. CDD – 800

Appris editora

Editora e Livraria Appris Ltda.
Av. Manoel Ribas, 2265 – Mercês
Curitiba/PR – CEP: 80810-002
Tel. (41) 3156 - 4731
www.editoraappris.com.br

Printed in Brazil
Impresso no Brasil

HKappel

HOMEM INVISÍVEL

artêra
editorial
Curitiba, PR
2024

FICHA TÉCNICA

EDITORIAL	Augusto V. de A. Coelho
	Sara C. de Andrade Coelho
COMITÊ EDITORIAL	Marli Caetano
	Andréa Barbosa Gouveia (UFPR)
	Edmeire C. Pereira (UFPR)
	Iraneide da Silva (UFC)
	Jacques de Lima Ferreira (UP)
SUPERVISORA EDITORIAL	Renata C. Lopes
PRODUÇÃO EDITORIAL	Sabrina Costa
REVISÃO	Katine Walmrath
DIAGRAMAÇÃO	Amélia Lopes
CAPA	Daniela Baumguertner
REVISÃO DE PROVA	Bianca Pechiski

APONTAMENTOS DE LEITORES

"Homem invisível é de uma escrita leve nos levando a reflexões e questionamentos."

Carmem Lucía Damé Wrege
Arquiteta
Pelotas, RS

"Acompanhei o autor em suas andanças com o Altíssimo durante a leitura... sorri algumas vezes, chorei, fiz questionamentos, tirei conclusões... mas, principalmente, adorei cada capítulo."

Rosangela Mársico Lehmann
Suíça

"Durante a leitura de Homem invisível temos uma perspectiva criativa sobre a religião cristã carregada de reflexões, um ponto de vista diferente do que estamos acostumados a ver."

Ruan Meister
Itapema, SC

"Acompanhar as andanças de Jesus, presenciar seus milagres e questioná-lo sobre o mundo atual foi realmente maravilhoso. Posso dizer que conheci Jesus."

HKappel

AGRADECIMENTOS

Roberta Kappel – advogada – Porto Alegre, RS
Rosangela Mársico Lehmann – publicitária e designer – Suíça
Carmen Lucia Damé Wrege – arquiteta – Pelotas, RS
Marcos Nicola – corretor – Balneário Camboriú, SC
Vera Zanim – engenheira civil – Porto Alegre, RS
Jade Martins – advogada – Balneário Camboriú, SC
Eduardo Ribeiro – Juris Ambiental – Balneário Camboriú, SC
Grupo Pires Hotel – Balneário Camboriú, SC
Luiz Cugnier – empresário – Itajaí, SC
Ernesto Wenth Filho – poeta – Balneário Camboriú, SC

Dedico este livro a DEUS, por me permitir conhecer e acompanhar os últimos passos de Jesus, totalmente abduzido pela Bíblia.

PREFÁCIO

Uma luz veio à minha mente quando li o título do novo livro do Luiz Antônio, *Homem invisível*. Se há alguém antagônico ao título da obra é o próprio autor, Tonho. Embora ele se transporte àqueles tempos, sua atuação aqui é de muita visibilidade. Não só na sua arte literária. Foi assim na sua carreira militar em Uruguaiana, onde deixou grandes amigos, foi assim ao longo de sua carreira profissional, que usa de pano de fundo para vários de seus livros, é assim incansável no seu amor e atuação pela Associação Amor Pra Down (AAPD), e não falemos da dedicação à família e aos amigos.

Homem invisível nos convida ao exercício: O que faríamos se nos fosse possível (para alguns é) este encontro com Jesus Cristo?

Nilo Silva

Pecuarista

AUTORES DE QUE SURRUPIEI PALAVRAS, CHEIROS E CORES

- Stella Rimington (*Ação ilegal*)
- Ben Pastor (*Lumen*)
- Daniel Spinelli (*A potência da liderança consciente*)
- Laura Lippman (*Baltimore Blues*)
- Dani Pamplona (*O poder da palavra falada*)
- André L. R. Cardoso
- Maurício Mühlmann Erthal
- Tiago Brunet (pastor)
- Michael Gruber (*A falsificação de Vênus*)
- Cristina Fallarás (*O evangelho segundo Maria Madalena*)
- Jodi Compton (*A solidariedade dos homens*)

Referência: A Bíblia.

SUMÁRIO

Prólogo 19
1ª parte 24
2ª parte 36
3ª parte 40
4ª parte 52
5ª parte 56
6ª parte 65
7ª parte 72
8ª parte 85
9ª parte 93
10ª parte 95
Epílogo 96
Comentários sobre os livros do autor 98

Prólogo

Balneário Camboriú, sem dúvida, destaca-se como um polo turístico no sul do país. Com sua linha de arranha-céus e o novo design da orla marítima, lembra a modernidade de Dubai, capital dos Emirados Árabes Unidos. Turistas de todas as idades e procedências, tanto nacionais quanto internacionais, são atraídos para desfrutar das belezas da região. O idioma se transforma em um legítimo *portunhol*. Apesar da beleza em geral, somos surpreendidos pela contaminação invisível das águas. A lagoa, que costumava ser suficiente para a população local, agora enfrenta dificuldades devido à invasão de turistas. Isso compromete a qualidade da região. No entanto, a vida continua, com banhistas lamentando as condições. O lado positivo é que eles continuam retornando, apesar das adversidades.

O grande e sério problema que surge com essa magnífica transformação da cidade é a escassez de mão de obra. Devido aos altos preços dos aluguéis, trabalhadores, especialmente da construção civil, assim como comerciantes e funcionários em geral, estão deixando a região.

Num sábado chuvoso, o calor intenso trazia consigo as famosas tempestades de verão. Fomos almoçar com amigos que vieram com meu cunhado de Goiânia, em um restaurante à beira-mar inspirado na cultura polinésia, com mesas ao ar livre e vista para o mar e com bailarinos tipicamente vestidos; no coração da Avenida Atlântica, alicerce do mito Balneário, lugar consagrado onde os jornalistas escrevem as histórias de diferentes turistas. Em função da chuva, tivemos que nos acomodar no interior do restaurante. A comida era muito exótica para o meu gosto. Nos serviram peixe cru, salgado, ao vinagrete, seguido por um galo silvestre afogado em creme e grossas fatias de presunto servidas em leito de caviar de ovos cozidos além de espetinhos de frutas tropicais. Nossos amigos goianos adoraram e celebraram como uns malucos após beberem inúmeras doses de tequila. O vinho tinto chileno foi a companhia durante a comilança.

No estilo dos goianos, as mulheres se sentaram de um lado e os homens do outro. (Eles dizem que os gaúchos são machões, mas as atitudes deles deixam muito a desejar.) Ao meu lado, sentou-se um senhor muito falante, inteligente e culto. Tinha um rosto interessante, deveria ter uns 50 anos mais ou menos, nariz comprido tipo francês apontando para baixo, lábios grossos; os olhos pequenos e negros, com olheiras profundas; queixo oval, pescoço grosso, cabelos negros e espessos como crina de cavalo, um pouco grisalhos dos lados. Para quem não o conhecesse, diria que era o tipo do cardeal corrupto da corte do Rei Sol. Ele confessou que era religioso, mas não frequentava templos tradicionais, e sim era um assíduo leitor da Bíblia — o resto, segundo ele, era apenas teatro. Concordando com tudo, compartilhei que também via tudo como um grande teatro, me identificando como um judeu batizado que tinha grande interesse no espiritismo. Ele riu. Era evidente a fé do rapaz em seu olhar enquanto falava sobre a Bíblia. Seus olhos brilhavam.

—Já leste a Bíblia, meu amigo?

—Velho, tentei, mas não dei conta, não — respondi imitando o palavreado deles.

—Eu já li mais de cinco vezes, toda; e vou ler novamente; tu não imaginas como eu sou depois dessas leituras todas. Sabes, Jesus é o cara, sim, ele faz a diferença em tudo, e te ajuda sempre que precisares, mesmo não rezando, apenas tendo fé nele, em Deus. Deixa eu te dar um conselho, lê, gaúcho, vai com calma, mas lê. Começa pelo apóstolo João, lê várias vezes o que esse cara conta. É lindo, te ajuda até na saúde mental.

Ele estava sendo maravilhoso, mas nem por isso eu poderia concordar. Para mim religião não tem nada a ver com saúde mental e eu tive que contestar:

— Querido, não concordo, não; religião para mim é antissaúde mental: religião é culpa, medo, dominação, controle, dívida, é uma eterna necessidade de remissão; nunca as coisas estão resolvidas, se não frequentares um certo lugar tu já és culpado, se não deres dinheiro para alguém tu já estás em culpa, então a religião é antissaúde mental porque ela é dominação, é controle. Então saúde mental e religião não são melhores amigas, porque isso demanda livre-arbítrio, liberdade, autocompreensão, lucidez e mergulho em si mesmo, penetração em si mesmo para se descobrir e individuar. Claro, essas palavras não são minhas, são de um teólogo psicanalista. Bah! Não lembro o nome dele, não.[1]

— Mas não estou falando em religião, meu amigo; estou falando em Deus, na palavra, em Jesus.

Logo um garçom apareceu e interrompeu nossa conversa.

Normalmente, eu tomo meia taça de vinho e já me sinto completamente embriagado, mas dessa vez eu já havia quase terminado uma garrafa inteira enquanto conversávamos. De repente, ele comentou:

— Sei que estás correndo atrás de um patrocinador para teu novo livro, não?

— Como tu sabes?

— Teu amigo já comentou comigo, e eu vou te patrocinar, sim.

— Nada, velho, tu estás me conhecendo hoje, não tens ideia de quem eu sou, não vou aceitar, não.

— Gaúcho, eu sei tudo sobre ti, sei toda a tua história, eu não só posso como quero te ajudar. Passa logo teu pix, logo.

Eu passei, claro, não seria hipócrita, estava correndo há mais de seis meses atrás de um patrocínio; e ele fez um depósito naquele momento, apenas me pedindo para dar uma olhada na Bíblia quando tivesse tempo.

Durante a sobremesa, com todos já um tanto alterados pela bebida, um professor de história, também da turma dos goianos, perguntou a um paisano se existia direita e esquerda. A resposta do cara foi sensacional.

---

[1] Inspirado em uma entrevista com um teólogo psicanalista no Instagram.

— A existência da direita e da esquerda é uma questão válida? Existe a mão direita e a mão esquerda; porém, o que me preocupa é o cérebro, que controla tudo. O cérebro está no sistema financeiro, detém o poder. A dicotomia entre direita e esquerda é enganosa, e o controle não está sob o domínio delas. O controle, meu amigo, está nas mãos do mercado financeiro. Na concentração do poder, na concentração da produção de alimentos, na concentração da fabricação de medicamentos, na dominação privada da área médica que impede o investimento na saúde pública e abandona os pobres e os idosos...

E continuou:

— Eu te pergunto: Não há tecnologia para atender a todos? Não há produção suficiente para alimentar a todos? Não é possível garantir uma educação de qualidade? Claro que existem condições para tudo. Ocorre que não interessa aos detentores do poder, que não estão na política, estão nas sombras, no anonimato; onde manipulam as marionetes.[2] Ou estou enganado?

O professor, não satisfeito, pois era nítida a sua intenção de perturbar, chamou o cara de fascista e logo perguntou para mim se eu também era um fascista.

— Meu amigo — eu respondi —, não olho para a direita nem para a esquerda, olho, sim, para a frente, estou pouco ligando para ideologias, eu quero o melhor para meu país e ponto final.

— Então és um cagão centrista.

— Velho! Não vou te responder, não, vai para teu hotel, estás alterado, descansa um pouco, ok? Depois a gente conversa; aliás, sejas bem-vindo ao nosso Balneário.

Claro que eu estava louco para dar umas bordoadas no cara, coitado, estava totalmente embriagado, e logo entraram os deixa-disso e retiraram o bebum do restaurante, com os goianos se desculpando da grosseria do paisano.

Fomos para casa com minha esposa dirigindo, pois eu estava totalmente embriagado. Ao chegar fui logo para minha cama e por incrível que pareça passei a sonhar com alguém sussurrando em meu ouvido

---

[2] Inspirado em um comentário saído do Instagram, não conheço o autor.

para escrever a Bíblia com as minhas próprias palavras. Acordei um tanto confuso e pensei: por que não? O autor do livro *Operação Cavalo de Troia*, J. J. Benites, aventurou-se em uma máquina do tempo para acompanhar aquela turma toda. Eu não vou inventar máquina nenhuma, apenas vou adentrar o livro e me apresentar a "Ele". Se me aceitar, passarei a ser seu amigo invisível e acompanharei tudo o que ele fizer, à minha maneira. Vamos ver no que isso vai dar.

***

1ª parte

Eram nove horas da manhã, o sol brilhava em um céu de brigadeiro, eu havia levado minha filha para o trabalho, ela tem síndrome de Down e trabalha em uma clínica de crianças especiais. Após isso, dirijo-me à academia, onde realizo treinamento de força três vezes por semana em um estabelecimento próximo à minha residência, um tanto antiquado, porém com instrutores competentes. O gerente era um rapaz alto, com aproximadamente um metro e noventa, musculoso e sempre vestia uma camisa polo apertada e um colã cor-de-rosa. Na mesma hora em que eu chegava, uma moça de aproximadamente 35 anos batia o ponto. Ela era deslumbrante, costumava usar uma bermuda de ciclismo e um top esportivo combinando, ambos em renda branca. Suas pernas exibiam músculos longos e definidos, semelhantes aos de uma bailarina. Seus bíceps e abdômen estavam fortemente delineados, refletindo o estilo em alta para os corpos femininos.

Quanto aos seios, impressionantes! Estava encantado com aquela mulher. Dedico-me também à natação duas vezes por semana e pratico remo uma vez por semana. Tenho grande apreço por atividades esportivas, mesmo que não me destaque em nenhuma delas; opto por praticar o que realmente me agrada. Foi no último sábado, enquanto remava no rio próximo ao clube, que comecei a refletir sobre como aprofundar meu conhecimento na Bíblia (lembrando dos conselhos do meu amigo goiano), ser abduzido por ela e me aproximar de Jesus. Eu já estava devorando a história do apóstolo João, sentindo-me completamente absorvido por seus ensinamentos e impactado por seus comentários e andanças. Eu me via cada vez mais envolvido e transformado pelas lições e valores contidos nas escrituras sagradas, sentindo-me como se estivesse sendo "abduzido" por essa experiência espiritual profunda. A Bíblia é um portal que nos transporta para uma nova compreensão do mundo e de si mesmo, levando-me a querer mergulhar ainda mais fundo nesse conhecimento; mas até então tudo era um tanto teórico, eu queria mais. Dei mais umas boas remadas quando de repente olhei para o céu e ele estava azul como em um dia perfeito. Fechei os olhos, recolhi os remos, deixando o barco à deriva, e concentrei-me, tentando estabelecer uma conexão com os anjos. Pedi-lhes ajuda e uma oportunidade para me aproximar da Bíblia e aprofundar minha espiritualidade. Inesperadamente, ao abrir os olhos, me vi em Cafarnaum, diante dele, vestindo calção, tênis e camiseta. O calor era insuportável. Ele lançou-me um olhar de soslaio e piscou, como se dissesse "bem-vindo"! Foi uma sensação única! Me aproximei do cara e ele já foi falando:

— Que roupa é essa? — perguntou, rindo da minha vestimenta.

— Melhor que a tua, cara. Parece uma batina de padre e deve ser quente pra caramba.

— É, mas é bom tu colocares uma também, igual à minha — disse ele abrindo um sorriso lindo e mostrando dentes incrivelmente brancos para uma época em que não se tinha ideia do que era uma escova de dentes.

— Nada disso, sou invisível, só tu consegues me enxergar.

— Quem sabe, neste mundo de Deus tudo é possível.

Ele tinha quase dois metros de altura, mas ao contrário da representação popular de Jesus nos dias de hoje, século XXI, não tinha olhos azuis, muito menos era de pele clara. Ele era o arquétipo do beduíno, com a pele bronzeada pelo sol, olhos escuros e cabelos longos e ondulados. Sua barba era um tanto descuidada e seu nariz levemente curvo.

Nos abraçamos e logo ele me aconselhou a partir para Betânia, onde eu poderia comprar vestimentas mais adequadas à época em que passaria a viver e conviver com ele e sua turma. E sabia eu onde ficava Betânia? Então pediu para um pivete me acompanhar. Caminhei por quase uma hora, quase me arrependendo da aventura em que estava me envolvendo. A luz da tarde brilhava abundante, desenhando longas sombras projetadas pelos chorões encontrados pelo caminho.[3] Na cidade que ele me indicou, encontrei uma túnica muito parecida com a dele, porém mais leve. Foi nesse momento que percebi como as túnicas protegiam do calor e do frio, assim como as roupas dos beduínos. Aproveitei e comprei também um turbante. O proprietário, desconfiado com minha aparência, me ensinou a amarrar o turbante na cabeça.

Os materiais utilizados para as roupas nos tempos bíblicos incluíam lã, linho e algodão, dependendo das condições do usuário. As túnicas feitas de pano de saco ou pelo de cabra eram bastante desconfortáveis e podiam causar irritação na pele. Por isso, só eram usadas em épocas de luto e arrependimento.

Assim que saí do estabelecimento, um verdadeiro muquifo comparado às lojas de hoje; típico, pequeno e repleto de bugigangas, encontrei João Batista. Ele, ao me ver, parou e me cumprimentou com um abraço comentando:

— Até que enfim chegaste.

— Estás me vendo? — perguntei.

— Claro, és invisível para os outros, mas não para quem estava te esperando. Vou falar com Jesus e assim te tornaremos visível para nossos amigos mais próximos. Te apresentaremos como um amigo que veio de longe, de outro continente para nos acompanhar e confraternizar com todos os seguidores de Jesus.

Logo em seguida tive minha primeira experiência física na época deles. Alguns rabinos mal-educados e pretensiosos se aproximaram, perguntando a João Batista se ele era o profeta.

— Não, claro que não sou profeta. Eu sou o homem do deserto que, conforme o profeta Isaías comentava, veio abrir os caminhos para o Messias, para o verdadeiro mestre dos mestres.

— Mas se não és profeta, com que autoridade batizas esse povo com água?

— Batizo em nome dele, do cordeiro de Deus, que tira o pecado do mundo.

---

[3] Inspirado no livro *Lumen*, p. 9, de Ben Pastor.

Eu já estava louco para partir para cima dos caras, mas Jesus, que estivera nos observando de longe, aproximou-se, colocou o braço sobre o ombro de Batista e encarou aos fariseus, que se retiraram muito a contragosto, constrangidos e amedrontados com o tamanho do mestre...

Nos sentamos sobre uma mureta ali perto, à sombra de uma árvore, quando então eu lhe perguntei:

— Será que és verdadeiramente o filho de Deus? Na época em que vivo, muitos acreditam, mas outros, como eu, temos lá nossas dúvidas. Tu não imaginas o número daqueles que se autoproclamam teus representantes: padres, pastores e uma variedade de líderes religiosos que, na realidade, apenas aumentam as nossas incertezas. Sabes — continuei —, existe um livro chamado Bíblia, que eles pregam de forma distorcida e conveniente a eles. Já tentei ler, mas não consegui acreditar muito, não, pois, pelo que li, nada se relaciona com os templos que eles constroem em teu nome, muito menos com a arrecadação de dinheiro em teu nome.

— Meu amigo, espero que o Espírito Santo te envolva para que possas compreender melhor e acreditar no que aconteceu nesta nossa época. No entanto, mesmo assim, acompanhe-me e talvez assim possas passar a acreditar. Vem comigo e observa, está bem?

Chegando o anoitecer, fiquei um tempo conversando com João, ele era o melhor amigo de Jesus e a quem Jesus mais amava entre os demais. Ele tinha ombros largos, pés grandes, mãos sardentas e largas, extremamente vigorosas, olhos cristalinos; e eu lhe disse que, ao contrário desta época, na minha, ou seja, no tempo em que vivo, o representante de Deus na terra, que chamamos de papa, não guarda a sexta de Páscoa, não, e nem prega o jejum; aliás, muito pelo contrário. Suas últimas palavras foram:

— Comam o que quiserem na Páscoa, o sacrifício não está no estômago, mas no coração. Eles abstêm-se de comer carne, mas não falam com os irmãos ou familiares, não vão visitar os pais ou pesa-lhes atendê-los. Não partilham a comida com os necessitados, proíbem os filhos de verem o pai, proíbem os avós de verem os netos, criticam a vida dos outros, espancam a mulher etc. Um bom churrasco ou

um guisado de carne não vai fazer de você uma pessoa ruim, assim como um filé de peixe não vai fazer de você santo. Melhor procurarmos ter um relacionamento mais profundo com Deus através de um tratamento melhor ao próximo. Sejamos menos soberbos e mais humildes de coração.

— Eu sei que para vocês a Páscoa representa a saída dos judeus do Egito, mas para nós trata-se da morte de Jesus. — Ele não entendeu nada e eu tampouco estava a fim de explicar naquele momento.

— Ele não deixa de ter razão — comentou João já perguntando do que se tratava esse tal de churrasco...

— Uma forma de assarmos a carne — respondi —, fica muito gostosa. Quando tivermos uma oportunidade asso uma para vocês.

Ele deu uma risada e completou:

— São com certeza outros tempos — referiu-se aos comentários sobre o papa —, mas se Deus está presente, tudo bem.

— Mas na verdade, meu amigo, esse papa que diz ser o representante de Deus na terra atual é um tanto malquisto pelo povo em geral. Esse cara pertence à Companhia de Jesus, cujos membros são conhecidos como jesuítas, é uma ordem religiosa fundada em 1534 por um grupo de estudantes da Universidade de Paris, liderados pelo basco Íñigo López de Oñaz y Loyola, conhecido posteriormente como Santo Inácio de Loyola. A Congregação foi reconhecida por bula papal em 1540. Caraca! Eles inventam ordens e mais ordens, tudo em nome do "Pai", eu acho tudo uma hipocrisia do cão. Ele tem tido umas tiradas que contradizem totalmente os tais evangelhos. Os jesuítas dizem que os fins justificam os meios para chegar a Jesus, porra, não concordo mesmo! Quanto ao jejum, eu penso que na verdade não é a causa do pecado, mas um ato de contrição e humildade que nos coloca na situação — ao nos cuidarmos um dia inteiro para não comermos carne — de reconhecimento pelo sacrifício de Jesus, e consequentemente de análise de nós mesmos como pecadores. Claro que cometemos todos os pecados enumerados por esse papa; caramba, somos imperfeitos mortais; logo, o mérito do jejum é exatamente nos fazer pensar sobre eles. Caramba, estou me contradizendo, bah! Sei lá!

— Mas quando ele diz: "Comam o que quiserem", torna a Sexta-Feira Santa um dia igual aos outros — continuei comentando —, onde comemos e fazemos o que nos agrada, e ela deixa de ser santa para ser apenas mais uma sexta-feira. Não achas? Se ele é realmente o representante de vocês, de Jesus e dos apóstolos, como podemos acreditar nele com esses comentários? Ou melhor, em quem podemos acreditar?

— Mas de que Páscoa estás falando? Jesus está vivo.

Tive que ficar um bom tempo explicando quem eu era e o que estava fazendo ali, como fui parar ali, enfim como vim para o seu tempo. João Batista se aproximou fazendo-o entender. Mas acho que ele não entendeu muito bem, não.

Ele se despediu sem muitas explicações e eu procurei por uma hospedaria, cacete! Infelizmente era um lugar bastante precário, sujo e com outros hóspedes ao meu lado que não estavam muito cheirosos, não. Um cheiro de mofo e cera de vela pairava na sala. A luz natural entrava por um conjunto de duas janelas, altas, pequenas e triangulares, de peitoril tão inclinado que não permitia olhar para fora, nem mesmo ficando nas pontas dos pés.[4] Fiquei imaginando onde essas pessoas tomavam banho, se é que tomavam. Além disso, João Batista parecia não trocar de roupa há mais de um mês, pois estavam sujas e malcheirosas, já desgastadas e rasgadas. A ausência de redes encanadas e esgotos era suprida com a utilização de copos e bacias que permitiam a realização do banho. Geralmente, as pessoas se sentavam em uma cadeira enquanto despejavam pequenas porções de água nos lugares a serem higienizados.

Por um instante, uma jovem de cabelos louro-acinzentados apareceu, vestindo uma bata rasgada que revelava seu ombro esquerdo e um pouco de seu seio. Ela caminhava descalça, quase seminua. A moça se aproximou de mim como se me visse, sorriu e afastou-se como se me convidasse a segui-la. No entanto, eu não fui. Ela voltou e, por alguns minutos, pronunciou em hebraico: "Eu sei quem tu és..." (ים תעדוי ינא ותימצל הבוע איה וכמ רחאלו, יתינע אל ,םולכ יתנבה אל... התא). Sem compreender muito bem, não respondi, e então ela partiu definitivamente. Teria sido o diabo me tentando?, pensei.

---
[4] Inspirado no livro *Lumen*, p. 12, de Ben Pastor.

No dia seguinte, não muito longe, ouvi Batista dizer aos seus discípulos, enquanto Jesus passava do outro lado da rua:

— Aquele é o cara, o verdadeiro filho de Deus, o cordeiro que tira os pecados do mundo. É a ele que vocês deverão seguir e imitar até o fim dos tempos.

Um deles, André, chamou seu irmão Simão, e se apresentaram a Jesus. Ele os cumprimentou e os convidou a segui-lo, ao mesmo tempo em que disse a Simão:

— Tu serás chamado de Pedro, e com o tempo entenderás o porquê. — Pedro era um homem impulsivo, bruto e inconstante, Jesus teve muito trabalho em doutriná-lo.

Por um lado, eu achava tudo muito engraçado, pois eu era invisível no meio daquela multidão; somente os apóstolos conseguiam me ver. Eu ficava circulando entre eles, observando e escutando seus comentários, completamente invisível.

Simão, que passou a ser chamado de Pedro, era um rapaz robusto, cheio de músculos, tão alto quanto Jesus. Já seu irmão André era menor, com uma cabeça a menos que os demais, mas igualmente forte. Eles eram pescadores e sempre exalavam o cheiro do peixe em suas roupas.

Eu ficava imaginando essa turma nos dias de hoje, no século XXI. Com certeza seriam os caras mais estilosos, conquistando todas as garotas; exceto por Bartolomeu — o rapaz era o típico "Hulk, o incrível", baixo e robusto, com a pele envolvendo mais músculos do que seria saudável. As veias ao longo dos braços eram grossas e azuladas como as canetas Bic sob a pele, suas panturrilhas curtas e robustas eram tão desenvolvidas que pareciam bolas de beisebol implantadas por cirurgias. Judas, embora ainda não o tivesse conhecido, só pela Bíblia, com certeza seria como alguns amigos que tenho, um tanto falso, ou seja, de má índole, para não dizer, como um amigo gostava de falar, um tremendo canalha.

Atravessei a rua e fui estar com Jesus. Ele me deu um abraço muito carinhoso enquanto me dizia:

— Vai, fala, o que te angustia.

— Mestre, desculpa, eu quero acreditar que tu és o Messias, mas até agora estou achando tudo um tremendo teatro, assim como são os religiosos com suas atitudes na minha época. Vocês têm um discurso maravilhoso, dizem, creio eu, tudo o que o povo quer escutar, como se já soubessem o que eles querem e têm necessidade de escutar, mas e daí? Onde está a verdade deste mistério todo? Claro que existe uma grande diferença entre esta distância, entre os tempos, os do século XXI são ricos, vocês são pobretões, reúnem dezenas de pessoas, tantas quanto eles, mas aqui não existem templos maravilhosos e igrejas suntuosas como lá. Existem sinagogas, mas a única que conheci foi no sul do país, na cidade do carvão, era pesada, úmida e negra de fuligem, se postava como uma viúva, entre as casas dos operários e as fábricas vizinhas.[5] As de vocês são mais interessantes, creio que pela arquitetura. Desculpa, meu amigo, mas continuo achando um tremendo teatro, tanto lá quanto aqui.

— O que mais me entristece — continuei dizendo a Ele — é a falta de respostas. Os representantes atuais parecem apenas nos enrolar, atribuindo nossos problemas a supostos pecados de outras vidas e afins. Mas e tu, qual é a tua resposta? Por que, por exemplo, tenho uma filha com síndrome de Down e outra com deficiência intelectual? Segundo os espíritas, nossos filhos nos escolheram como pais; nesse caso, aceito o desafio e sigo em frente. Amo minhas filhas exatamente como são, mas por que ninguém me dá uma resposta? Te manifesta, cara, me ajuda a acreditar em ti. Tenho um irmão — continuei dizendo a Ele — que perdeu seu filho para o mar aos 18 anos, estava no primeiro ano de Odontologia. Incrível! Apenas 18 anos. Ele clamou por ti, e ainda bem que não foste até ele, pois ele queria desabafar toda a sua revolta, iria te encher de bordoadas, podes ter certeza. E a pergunta persiste: por quê? Sabes, meu mestre, em relação ao meu irmão, não sei como conseguiu, apesar da perda; com certeza eu não conseguiria, ele postou em um determinado dia o seguinte:

"Jesus, foste a minha redenção, disseram.

---
[5] Inspirado no livro *Lumen*, p. 82, de Ben Pastor, 1ª edição.

Pagaste a minha dívida!

Não consigo entender, porém, o resgate de uma dívida pretérita, que não faz parte do meu passado (qual?). Do presente SIM e do futuro, TAMBÉM! Talvez seja porque, como Filho do Criador, já sabias para o que fui criado?"

Lindo! Mas…

— Lá eu tenho um amigo, no mundo em que vivo — continuei —, que fala muito num tal Deus de Espinosa. Eu não sou escroto, mas é um Deus que me faz pensar um pouco mais. Ele se refere a Deus assim:

— Deus segundo Espinosa:

"Para de ficar rezando e batendo o peito!

O que eu quero que faças é que saias pelo mundo e desfrutes de tua vida.

Eu quero que gozes, cantes, te divirtas e que desfrutes de tudo o que Eu fiz para ti.

Para de ir a esses templos lúgubres, obscuros e frios que tu mesmo construíste e que acreditas ser a minha casa.

Minha casa está nas montanhas, nos bosques, nos rios, nos lagos, nas praias.

Aí é onde Eu vivo e aí expresso meu amor por ti.

Para de me culpar da tua vida miserável.

Eu nunca te disse que há algo mau em ti ou que eras um pecador, ou que tua sexualidade fosse algo mau.

O sexo é um presente que Eu te dei e com o qual podes expressar teu amor, teu êxtase, tua alegria.

Assim, não me culpes por tudo o que te fizeram crer.

Para de ficar lendo supostas escrituras sagradas que nada têm a ver comigo.

Se não podes me ler num amanhecer, numa paisagem, no olhar de teus amigos, nos olhos de teu filhinho… Não me encontrarás em nenhum livro!

Confia em mim e deixa de me pedir.

Tu vais me dizer como fazer meu trabalho?

Para de ter tanto medo de mim.

Eu não te julgo, nem te critico, nem me irrito, nem te incomodo, nem te castigo.

Eu sou puro amor.

Para de me pedir perdão.

Não há nada a perdoar.

Se Eu te fiz... Eu te enchi de paixões, de limitações, de prazeres, de sentimentos, de necessidades, de incoerências, de livre-arbítrio.

Como posso te culpar se respondes a algo que eu pus em ti?

Como posso te castigar por seres como és, se Eu sou quem te fez?

Crês que eu poderia criar um lugar para queimar a todos meus filhos que não se comportem bem, pelo resto da eternidade? Que tipo de Deus pode fazer isso?

Esquece qualquer tipo de mandamento, qualquer tipo de lei; essas são artimanhas para te manipular, para te controlar, que só geram culpa em ti.

Respeita teu próximo e não faças o que não queiras para ti.

A única coisa que te peço é que prestes atenção à tua vida, que teu estado de alerta seja teu guia.

Esta vida não é uma prova, nem um degrau, nem um passo no caminho, nem um ensaio, nem um prelúdio para o paraíso.

Esta vida é o único que há aqui e agora, e o único que precisas.

Eu te fiz absolutamente livre.

Não há prêmios nem castigos.

Não há pecados nem virtudes.

Ninguém leva um placar.

Ninguém leva um registro.

Tu és absolutamente livre para fazer da tua vida um céu ou um inferno.

Não te poderia dizer se há algo depois desta vida, mas posso te dar um conselho. Vive como se não o houvesse.

Como se esta fosse tua única oportunidade de aproveitar, de amar, de existir.

Assim, se não há nada, terás aproveitado da oportunidade que te dei.

E se houver, tem certeza de que Eu não vou te perguntar se foste comportado ou não.

Eu vou te perguntar se tu gostaste, se te divertiste...

Do que mais gostaste?

O que aprendeste?

Para de crer em mim — crer é supor, adivinhar, imaginar.

Eu não quero que acredites em mim.

Quero que me sintas em ti.

Quero que me sintas em ti quando beijas tua amada, quando agasalhas tua filhinha, quando acaricias teu cachorro, quando tomas banho no mar.

Para de louvar-me!

Que tipo de Deusególatra tu acreditas que Eu seja?

Me aborrece que me louvem.

Me cansa que agradeçam.

Tu te sentes grato? Demonstra-o cuidando de ti, de tua saúde, de tuas relações, do mundo. Te sentes olhado, surpreendido?... Expressa tua alegria!

Esse é o jeito de me louvar.

Para de complicar as coisas e de repetir como papagaio o que te ensinaram sobre mim.

A única certeza é que tu estás aqui, que estás vivo, e que este mundo está cheio de maravilhas.

Para que precisas de mais milagres? Para que tantas explicações?

Não me procures fora! Não me acharás.

Procura-me dentro... aí é que estou, batendo em ti.*"*

Dei uma encarada em Jesus por alguns segundos, ele não disse nada, André me olhava assustado e Pedro estava atento.

— Meu amigo — continuei —, tu já deves ter ouvido falar nesta personagem; Benedictus foi um filósofo de origem judaico-portuguesa, nascido nos Países Baixos, filho de uma família perseguida pela inquisição, em Portugal, que se refugiara na sinagoga portuguesa de Amsterdã. Baruch Espinosa é famoso por sua conciliação entre Deus e Natureza, com sua frase mais famosa: "Deus sive Natura".

— Já o conhecia, sim, ele era uma pessoa incrível.

— Como que o conhecias? O cara existiu mil anos depois da tua morte!

— Então??? — perguntou Jesus — O que tu achas??? Queres que continue falando sobre ele?

— Caramba — continuei falando para Ele —, agora me vejo dentro deste livro, falando diretamente contigo por meio das escrituras. É de enlouquecer, cara! E agora em quem devo acreditar, em ti ou naquele cara chamado Espinosa? O que é certo e o que é errado? Onde está nosso Deus? Nas escritas, nas sinagogas, igrejas, templos ou na natureza?

— Nem tudo é absolutamente certo, nem tudo é absolutamente errado, porque o conceito de certo ou errado é relativo — Ele respondeu e continuou: — O que realmente importa é o livre-arbítrio; siga o teu coração e vá em frente. Não é isso que eu faço? Também não sei quem escreveu essa tal Bíblia da qual falas e na qual estamos inseridos, mas se foram meus discípulos, deve estar correto, pois jamais distorceriam meus ensinamentos. E quanto a onde ele está? Com certeza dentro do teu coração, se o aceitares. Continue a me seguir; se, durante esse tempo em que estiveres comigo, não acreditares em nada do que digo ou faço, lamento muito; caso contrário, estaremos eternamente juntos.

***

2ª parte

No outro dia, após despertarmos, tive que lavar o rosto em uma bacia com água em que todos os outros hóspedes também lavavam. Mijei atrás da hospedaria, óbvio que não existia um banheiro, muito menos um vaso sanitário com papel higiênico. Limpei a bunda com um pedaço de pano que achei em um canto. Eles, no entanto, limpavam usando uma esponja presa na ponta de um pau e depois a deixavam em um recipiente de barro com vinagre para desinfetá-la. Aliás, esse mesmo tipo de esponja embebida em vinagre foi oferecida a Jesus pelo soldado que estava ao pé da cruz quando ele disse estar com sede. Realmente, as atitudes dessas pessoas eram muito cruéis.

O destino era sempre incerto, o Messias decidia de uma hora para outra, nós nunca sabíamos o que ele estava pensando ou pretendia. Se pretendia ficar ou ir para outra região.

Como sempre, de uma hora para outra decidiu partir para a Galileia. Caramba, as distâncias eram percorridas a pé, sem nem mesmo uma mula para nos levar. Fiquei impressionado com o preparo físico deles. Uma moça, amiga de Jesus, também nos acompanhava. Não sabia quem ela era, mas se vivesse nos dias de hoje, usando uma minissaia, uma blusa sem sutiã, maquiagem realçando seus lindos olhos e com um cabelo negro e longo bem cuidado, com certeza eu a seguiria como um perdigueiro cheio de más intenções, mas no tempo deles eu não podia fazer nada, até porque era invisível para ela.

Pedro caminhava ao lado de Jesus, enquanto André e a moça, que mais tarde descobri chamar-se Maria, seguiam logo atrás. Eles haviam arranjado para mim uma bolsa, no estilo das antigas malas de garupa, cheia de frutas para eu carregar.

Após alguns quilômetros, Jesus chamou um homem que andava à sua frente gritando:

— Ei, Felipe! — Ele parou, olhou para trás e com um sorriso o esperou para um abraço forte. Com quase um metro e oitenta, ele se destacava dos outros discípulos. Tinha cabelos curtos, mas a barba igualmente desleixada. Além da "camisola", usava um colete de pele de cabra. Mais adiante, Felipe foi quem chamou outro caminhante, Natanael, que foi apresentado a Jesus e logo recebeu suas palavras.

Cacete, o homem reconhecia os homens pelas costas, como as impressões digitais por um perito forense.

— Bom dia, arquiteto — disse Ele lhe apertando a mão. — Descansaste bastante sob a figueira?

O rapaz, perplexo, ficou se questionando como ele saberia que era arquiteto e que estava descansando sob uma figueira. Natanael realmente era um arquiteto, mas como um de seus trabalhos havia desabado ficou um tanto desacreditado pelos demais construtores.

— Vem conosco — Jesus continuou —, junte-se ao nosso grupo. Vais gostar e, com o tempo, entenderás que serás um arquiteto de homens, não mais de prédios ou casas.

Natanael era um homem de estatura pequena e esguia, possuía um rosto fino realçado por olhos verdes levemente acinzentados. Nariz pequeno, quase feminino, de narinas largas, boca delicada e dentes estreitos. Suas túnicas coloridas, visivelmente superiores em qualidade às dos demais do grupo, denotavam seu refinamento. A contragosto, ele acompanhou Jesus, uma vez que os nazarenos não desfrutavam de boa reputação, cedendo apenas em consideração à amizade com Felipe.[6]

As casas naquela época eram construídas com pedras em estado natural, cuidadosamente empilhadas e unidas por argamassa, com telhados de palha cobertos por uma camada de gesso. Esses lares abrigavam famílias extensas que compartilhavam atividades como agricultura, pesca, artesanato e preparação de alimentos. Seria em uma dessas casas, em Caná da Galileia, que um casamento teria lugar.

Jesus chegou acompanhado por sua turma, e eu o seguia a tiracolo, invisível para os demais. O casamento prometia ser tumultuado,

---

[6] Inspirado em João, Bíblia, p. 1.485.

já que a família da noiva era abastada, enquanto a do noivo, embora de boa índole, era simples. Trabalhadores, honestos, mas considerados pobres pelo pai da noiva.

— É uma repetição da história — comentei surpreendendo a Felipe.

— Como assim? — indagou ele.

— Amigo, de onde eu venho, as coisas não são tão diferentes, mesmo após mais de dois mil anos. — Nessas alturas Jesus já havia explicado para todos quem eu era e de onde viera. — As disparidades financeiras continuam a fazer diferenças. Conheço um rapaz que, quando jovem, cursava uma faculdade no interior do estado e se apaixonou por uma garota muito rica, filha de fazendeiros. A mãe dela era uma megera que o discriminava constantemente, o pai ao contrário era um cavalheiro. O rapaz suportava as indiretas, mas um dia perdeu a paciência e mandou todos para o inferno. E aqui, neste casamento, não vai ser diferente; se algo der errado, o pai da noiva vai desfazer o casamento rapidinho, podes ter certeza. Ou não?

Jesus irradiava alegria, sua mãe também estava presente, convidada pela família do noivo para a ocasião. Quando Jesus me apresentou a ela, fiquei verdadeiramente encantado. Se estivesse nos dias atuais, vestindo um elegante terninho preto, com o cabelo penteado em um rabo de cavalo, lábios e olhos realçados, com certeza se destacaria na festa. Sua eloquência era encantadora, e ela comandava a celebração como se fosse sua própria. Embora apresentasse um ar de tranquilidade, seus olhos negros eram penetrantes e atentos. Na ocasião ela usava manto branco e túnica azul, capuz da cabeça combinando e cinto azul.

A casa da festa estava completamente decorada com "lírios", que conforme eles eram as flores preferidas de Deus.

Durante a festa, era oferecido um copo de vinho para a noiva; se ela bebesse, significava que aceitava o noivo; e foi o que aconteceu, para minha surpresa; eu testemunhei tudo. Depois, a celebração continuava por quase três dias seguidos, com muita música e dança ao som de harpas, liras e címbalos. Era realmente muito interessante ver homens dançando com homens, mulheres com mulheres e, ao mesmo tempo, todos juntos, erguendo as mãos e girando o corpo de um lado para o outro como nas danças portuguesas de hoje. Estive quase tirando Maria, a amiga de Jesus, se fosse visível para ela, para ensiná-la a dançar um bom vanerão. Acho que seria muito cômico ou trágico.

Um burburinho começou entre os convidados e eu avistei Jesus conversando com sua mãe, num canto do pátio, visivelmente apreensiva. Aproximei-me para escutar melhor:

— Jesus, o vinho acabou — dizia sua mãe —, o responsável deve ter se perdido nas contas. Será um desastre para os anfitriões, o pai da noiva vai ficar furioso. Faça algo.

— Como assim, eu? O que queres que eu faça?

— Tu sabes muito bem o que fazer, não enrola.

— Tu sabes que ainda não chegou a minha hora.

— Já chegou, sim, te vira e resolve esse problema.

Ela retirou-se e instruiu dois criados a fazerem exatamente o que Jesus ordenasse. Ele ficou pensativo por um momento antes de seguir para a sala onde havia seis talhas de barro. Fiquei na sala com Ele, e "Ele ordenou aos criados que enchessem as talhas com água. Após aguardar um instante de olhos fechados como se estivesse em orações, ele mandou oferecer um copo com o líquido ao mestre-sala, o anfitrião da festa. O homem aprovou e eufórico com seu paladar refinado, mandou servir aos convidados".[7] Fiquei atônito, não podia ser mágica, afinal eu estava o tempo todo ao lado dele. Ele bateu em meu ombro e disse:

— Vamos aproveitar a festa! — E então nos juntamos aos seus seguidores, bebemos e dançamos até o amanhecer.

Acho que exagerei na bebida, o vinho estava maravilhoso, com o típico sabor do vinho seco chileno. Fiquei um bom tempo observando-o dançar e beber, questionando se este não seria o Deus de Espinosa.

No outro dia me contaram que Tomé e sua namorada eram os vinícolas, responsáveis pelo vinho da festa. Encantados com o milagre, também passaram a seguir o Mestre.

***

---
[7] João 2:6, Bíblia, p. 1.485.

3ª parte

Jesus pediu a todos que se preparassem, pois partiriam logo para Jerusalém. Sem entender nada, tive uma rápida visão de que minha filhota estaria precisando de mim. Olhei para Ele, e num piscar de olhos, como num passe de mágica, estava novamente na sala da minha casa, como se nunca tivesse saído. Minha esposa assustou-se com minha presença e perguntou onde eu andava.

— Na academia, ora! Onde estaria?

— Nossa menina está com uma febre do cão, estou preocupadíssima, vamos levá-la para o hospital.

Ela estava deitada em sua cama, com uma febre alta, manchas avermelhadas pelo corpo e suava como se fosse uma esponja cheia de água sendo espremida. Só poderia ser dengue, estávamos vivendo uma verdadeira epidemia da doença. Enquanto ela foi buscar a carteira de saúde, e trocar de roupa, colocou um jeans, uma camiseta branca para fora da calça e um tênis de basquete; eu me ajoelhei e rezei, creio que por uns dez minutos. Minha esposa voltou, a peguei pela mão e a fiz ajoelhar-se para rezar também. A contragosto, ela se ajoelhou, assustada com minha atitude, pois nunca tinha me visto rezar nestes anos todos em que estávamos casados.

Escutamos uma risada, erguemos nossas cabeças e a vimos como se nada tivesse acontecido, sorrindo cheia de saúde.

E agora, José?, me perguntei...

Choramos abraçados, e eu disse que teria que sair, só voltaria mais tarde. Como morávamos a uma quadra do mar, corri até ele e mergulhei na água fria agradecendo à rainha Iemanjá com todo meu fervor. Ou a Ele, sei lá.

O quarto da minha filha recebia luz da rua pelas janelas laterais e durante algumas horas do dia a iluminação era muito boa, por isso ela não se importou em ficar com um quarto menor. Ela tinha um cavalete para pintar, o qual adorava utilizar, e tinha aulas com mais cinco coleguinhas com síndrome de Down com um artista plástico em sua galeria de artes. Eu não tinha percebido até então que sobre o cavalete havia um esboço de Cristo na cruz, em uma tela; uma mesa suja de tinta, uma escrivaninha, uma estante com suas tintas e pincéis, um guarda-roupa e uma cama antiga de cobre que herdara da avó materna.[8]

Voltei para casa, tomei um banho e saí novamente, fui até o ateliê do artista plástico Mai Bavoso, o professor, e ele me mostrou vários desenhos da minha filha. Assim como eu, ele estava surpreso com o fato de ela se concentrar apenas em desenhar Jesus com seus apóstolos. Entre os desenhos, havia uma tela em que Pedro estava sentado com Jesus num banco de pedras, a tinta não era espessa, quase se podia ver a tela, as pinceladas soltas como uma andorinha no céu, ambos admirando o pôr do sol; a paleta simples, não usou mais que cinco pigmentos.[9] Segundo o professor, eram os traços de um verdadeiro Velázquez. Ela sabia exatamente como dar as pinceladas, dando movimento e forma ao espalhar a tinta. Como se trata de sua filha, conhecendo-a tão bem, nunca poderíamos acreditar que ela seja uma falsificadora. Embora seus traços se assemelhem aos de artistas famosos, são genuinamente dela. O mestre fez alguns questionamentos, mas eu dei uma enrolada e me despedi me perguntando se ela estava sabendo das minhas andanças. Natália sempre teve um sexto sentido aguçado. Será? Mai tinha cinco adolescentes com a síndrome como seus alunos, escolhidos a dedo em entidades da cidade. Pretendia fazer um livro com os desenhos deles, assim como já havia feito no Rio Grande, quando lá morava.

Quanto a ser uma falsificadora, imagina, eu conhecia muito bem esses tipos. Além de serem perfeitos copiadores, seus ateliês são meticulosamente preparados para não deixar nenhum vestígio que comprometa a autenticidade da obra.

---

[8] Inspirado no livro de Michael Gruber, *A falsificação de Vênus*, p. 13.
[9] Inspirado no livro *A Falsificação de Vênus*, de Michael Gruber, p. 182, 1ª edição.

Caminhei por um beco próximo ao ateliê de Mai e ouvi alguém me chamar pelo nome, vinha de uma porta entreaberta com uma placa de "cabeleireira". A mulher que saiu era deslumbrante; nos conhecíamos das noites passadas nos cabarés do Balneário. Assim que entrei, ela fechou a porta, apagou a luz, deixando apenas a fraca luminosidade de um pequeno abajur. Ela jogou o manto no chão e me empurrou para um divã. Ficou sobre mim, nua, sua pele transmitindo calor como brasas incandescentes. Despiu-me com delicadeza, suas mãos macias percorrendo meu corpo. Eu tentei resistir, mas não tinha forças nos braços nem nas pernas. Foi uma experiência louca e assustadora. Saí dali cerca de uma hora depois, um pouco distante e ofegante após aquela surpreendente aventura nas primeiras horas da manhã. Passei em frente de uma padaria, um amigo estava saindo com um pacote cheio de cacetinhos. Surpreso com meu semblante, convidou-me para um café em sua casa. Ele era espírita e escritor, muito conhecido na cidade, um verdadeiro historiador com vários livros escritos sobre a história da cidade e da região. Aceitei. Sempre imaginei que ele vivesse em uma casa luxuosa; afinal, era um autor renomado não só na cidade, mas em todo o estado. Ao contrário do que eu supunha, a residência era despretensiosa. Tinha dois andares, com um exterior de madeira envelhecida pelo tempo. Altos pés de lilás, ainda floridos, se aglomeravam na porta da frente, e moitas de íris vermelho-púrpura se agrupavam irregularmente em um caminho de pedras. A casa era tão encantadora por fora quanto por dentro: pinho de alta qualidade, teto de vigas de madeira rústica e toques ecléticos por toda parte.[10] Na cozinha, ele me serviu café preto que já estava previamente preparado e quente dentro de uma garrafa térmica. Preparou sanduíches com mortadela e queijo muçarela. Enquanto comíamos, contei-lhe tudo o que estava acontecendo comigo. Ele me ouviu em completo silêncio e sem me interromper; quando terminei, ele apenas comentou:

— Tempo ao tempo e continua tuas andanças...

---

[10] Inspirado no livro *A solidariedade dos homens*, de Jodin Compton, p. 86, 1ª edição.

Saí de sua casa, caminhei pelas ruas pensativo. Fechei os olhos e me concentrei. Quando os abri, "puf", lá estava eu novamente com a gangue do mestre. Tive sorte, pois eles já estavam em Jerusalém, então não precisei fazer todo aquele percurso até a Cidade Santa a pé. No dia de hoje seriam apenas 40 minutos de ônibus, mas a pé, três dias sem dúvidas. O primeiro a me receber foi Mateus, e fiquei surpreso com sua recepção, muito carinhosa e amistosa. Eles viviam de picuinha entre eles.

Sentados na grama, dividimos algumas romãs, tâmaras e uvas, eu estava com fome. Durante essa pequena refeição comentei com Mateus sobre minha filha. Após lhe contar os acontecimentos ele comentou:

— Querido amigo, não conheço nada da tua época, muito menos dos artistas das épocas que virão, mas podes ter certeza, tua filha não tem nada de reencarnação ou encarnação como vocês falam, ela simplesmente é um fenômeno da pintura, do desenho, das artes. Claro que é uma surpresa como tudo despertou, mas ela é ela e ponto final. Quando voltares, ajuda, investe nesta artista única.

Era exatamente o que iria realizar. Com uma câmera fotográfica cedida por um conhecido aposentado da Polícia Federal, dessas para espiões, comecei a fotografar, sem despertar a atenção deles, seus semblantes e trajes, locais com particularidades que nenhum diretor de cinema conseguiria captar em seus filmes históricos. Sem dúvida, ela se tornaria o primeiro ícone Down, renomada, das artes do século XXI.

Ao contrário do personagem da série *The Chosen*, interpretado por um jovem de estatura baixa, parecendo um nerd autista, Mateus era um verdadeiro Rock Hudson, com um metro e noventa de altura e porte físico de um jogador de basquete. Com seus cabelos negros compridos até os ombros e barba desenhada, ele exalava charme. Suas vestimentas eram coloridas, com túnicas mais finas e elegantes para a época.

Mateus era rico e, ao contrário de seus compatriotas judeus, aliou-se aos romanos que haviam conquistado a região. Como coletor de impostos, era tratado como um traidor por seus irmãos. Na verdade, não era burro, mas sim astuto. Preferiu ser um coletor de impostos a lutar contra um exército enorme e muito bem preparado. Eu, no lugar dele, teria agido da mesma forma. No entanto, consequentemente foi muito difícil para ele ser aceito pelos demais apóstolos.

Até ser convidado por Jesus, ele devia ter sido um grande conquistador, pois era notório o quanto as mulheres o admiravam. O admiravam e o odiavam ao mesmo tempo, pois era um coletor de impostos para os inimigos.

Eu estava cada vez mais impressionado com Jesus, principalmente com a forma como ele escolhia seus seguidores. Eram homens muito diferentes um do outro. Pensavam diferente, eram de classes sociais um tanto diferentes, um era arquiteto, o outro pescador, coletor de impostos... Era um gênio sem dúvidas, pois todos fariam igualmente a diferença na pregação de suas palavras. Ele já havia me dito que a diversidade de pensamento, quando bem gerenciados, promovia a inovação, criatividade e soluções mais eficazes para os desafios que surgissem.[11] E Ele gerenciava aqueles diferentes homens de uma forma espetacular, sem dúvidas. Eu cansei de me perguntar de onde vinha essa liderança dele, e nesse caso foi Mateus que me respondeu:

— A liderança dele é principalmente fundamentada no afeto que nutre pelas pessoas, na disposição de se dedicar integralmente em tudo o que empreende. Ele é altruísta, demonstra um desejo extraordinário de compartilhar e oferecer algo que verdadeiramente beneficie os outros, e sobretudo no respeito que ele demonstra por todos nós, por cada indivíduo. Respeitar alguém, meu caro — prosseguiu Mateus —, é honrar os valores inerentes, independentemente de suas características pessoais, tais como opiniões, preferências, atributos físicos, idade ou renda.

André, que estava nos escutando sorrateiramente, juntou-se à conversa para dar sua opinião:

— Eu admiro este homem porque ele nos ajuda a reconhecer nossos erros sem fazer críticas pesadas. Ele não apenas nos impede de nos desvalorizarmos, mas também nos estimula, valoriza e encoraja a expressar nossas ideias.

— E quando ele partir, como vocês vão lidar com a liderança, afinal vocês é quem continuarão a transmitir suas verdades?

Pedro, que também estava nos observando, aproximou-se e olhando em meus olhos, me constrangendo de certo modo, disse-me:

---

[11] Inspirado no livro *A potência da liderança consciente*, de Daniel Spinelli, p. 109, 1ª edição.

— Vamos guiar com a veracidade, pois esta é o bem mais precioso, vai demandar coragem para olharmos para dentro de nós mesmos com franqueza, encararmos nossas imperfeições e identificar e utilizar nossas virtudes. Será na busca constante da verdade que encontraremos nossa humanidade para transmitir exatamente o que ele nos ensinou.[12]

Eu o escutei com atenção e lhe disse:

— A grande vantagem de vocês e de Jesus sobre o povo é o poder da palavra falada que vocês têm, faz com que vocês tenham voz para o mundo, lutando pelo que acreditam. Com esse poder vocês transformam-se a si mesmos e tudo ao seu redor, trabalhando de dentro para fora. Lembrando que o ser humano é feito de histórias. Nossa vida se desenha a partir de uma teia de narrativas baseadas no que vivemos, sentimos e agimos.[13]

Estavam acampados próximo à porta de Damasco, uma das principais de entrada na cidade, em uma tenda coberta por galhos para protegê-los do sol ardente. Cara, se chovesse seria um caos.

Nos identificamos a um centurião romano que guardava o local, o cara usava um capacete em forma de tigela abobadada que protegia a cabeça, pescoço e bochechas. Uma túnica vermelha e um avental de couro com tachas de metal presas ao cinto da espada protegendo suas partes íntimas. Nos pés, usava uma *cáliga*, sandália militar. Logo entramos na cidade murada. Pelas vielas escutava-se o som das ladainhas dos vendedores, cavalos relinchando e rodas de carroças rangendo. Passamos por uma mulher vestida com uma túnica preta, linda, com joias penduradas no pescoço e nas orelhas, além de ouro e diamantes que pareciam algemas nos pulsos, acompanhada de dois legendários com túnicas vermelhas. A cidade era linda, com uma arquitetura interessantíssima. Eu estava encantado. Minhas sobrinhas arquitetas com certeza teriam orgasmos.

Seguindo Jesus e admirando todos os recantos da cidade, nos aproximamos do famoso templo religioso de Jerusalém. Velho! Quando

---

[12] Inspirado no livro *A potência da liderança constante*, de Daniel Spinelli, 1ª edição.
[13] Inspirado no livro *O poder da palavra falada*, de Dani Pamplona.

percebeu que a casa de seu pai, a casa de orações, como ele se referia ao templo, havia sido transformada em um tremendo mercado público, pirou total. Pegou um relho que estava próximo a um feirante, e com uma fúria do cão começou a dar porradas em todo mundo expulsando a todos. O povo horrorizado foi se afastando no maior quilombo do mundo.[14]

Voltei a ter minhas dúvidas, será ele mesmo representante de Deus, filho do Homem como quer se passar ou é um guerrilheiro disfarçado de profeta? Veio salvar os homens dos pecados ou dos romanos?

Alguns rabinos, um em especial, parecendo o líder entre eles, homem baixo, de cabelos desgrenhados, nariz fino e olhos escuros e irrequietos se aproximaram questionando suas atitudes.

— Ninguém vai profanar a casa do meu pai — ele gritou com os homens de preto.

— Com que direito dizes ser filho de Deus???

— Perguntem a Ele — Jesus respondeu.

Nos afastamos, pois soldados romanos estavam se aproximando e com certeza com eles seria uma zorra total.

Mateus aproximou-se, colocou seu braço sobre meu ombro e perguntou:

— O que achaste das atitudes dele?

— Velho, no meu tempo, os religiosos dizem que Jesus salvou a espiritualidade do templo. — A essas alturas já entendiam um pouco que eu era de outra época. Continuei: — Eu já diria que existem diferentes interpretações para sua atitude. Para mim, como diz um amigo de lá, a espiritualidade não está no templo, e sim nas pessoas. No templo todo mundo é santo, diz ele. A espiritualidade está na conduta de uma pessoa dentro de grupos de pessoas, na rua, no mercado; como ela trata as demais, se ela é educada, tolerante, calma, serena, justa, respeitadora. Esta está cheia de espiritualidade. Ao contrário, uma pessoa agressiva, intolerante, cheia de verdades, pronta para acusar todo mundo, apontando o dedo, esta tem baixa espiritualidade. Pode ser até um sacerdote, não me importa o que a pessoa acredita, e sim

---

[14] Baseado no Apóstolo João, Bíblia.

o que ela faz, o que ela acredita pode mudar, o que ela fez está feito. Então a espiritualidade está na conduta das pessoas, o que importa é o que ela faz, não no que ela acredita. A conduta é o mais importante, é o sentimento que ela emana para as outras.[15] Então esses comerciantes estavam trabalhando, ou não, não acredito que estivessem profanando o templo. Claro, Ele deve ter tido seus motivos, mas não entendi, não. Ou não entendo como os nossos sacerdotes o interpretam.

À noite, às escondidas, um homem aproximou-se de Jesus no acampamento, apresentou-se como sendo o rabino Nicodemos, reconhecendo suas proezas e lhe dizendo:

— Eu sei quem tu és, já deste provas suficientes, mas e daí??? O que vai acontecer??? Vais nos livrar destes centuriões??? Seremos livres novamente???

— Vem comigo, me segue que vais entender, pois para entrar no reino do céu, somente nascendo novamente. Nascendo da água e do espírito.

Nicodemos era do tipo Sean Connery, alto, com cabelos grisalhos e um olhar muito penetrante. Se estivesse usando um "elegante blazer azul com quatro botões dourados em cada punho, uma camisa listrada de corte refinado, gravata de seda, calças de flanela e mocassins Gucci" com certeza desbancaria Toni Ramos, Antonio Fagundes e tantos outros astros da Globo. Ele não entendeu nada, e ao contrário do destemido James Bond afastou-se assustado com o palavreado de Jesus.

Eu cada vez mais ficava indignado com o contraste do mundo atual com o de Jesus. Lembro quando fui estudar na Itália; com um primo padre, distante, que trabalhava no vaticano, fomos visitar um outro parente que tinha lá seu cargo de destaque. O homem era incrivelmente ereto para seus 80 anos, cabelos grisalhos longos presos à nuca, espantados olhos azuis, um nariz tão afilado como a proa de um navio, queixo pequeno porém sólido; usava uma vestimenta comprida, totalmente branca, ao contrário da maioria dos padres. Cacete! A sala

---

[15] Comentário de Eduardo Marinho, retirado do Instagram.

do cara era um aconchegante cômodo com papel de parede escarlate. Num dos lados, duas estantes de livros iam do chão ao teto; no outro, um pequeno sofá defrontava um aparelho de tevê 42 polegadas. Entre as duas estantes ficava uma grande pintura a óleo, retratando um cossaco montado em seu cavalo. Porra! A precisão anatômica do animal era pura de Stubbs, artista plástico russo.

Muito contrariado, pensei: o que um cossaco, caríssimo, estaria fazendo na sala de um padre?

O primo era um tanto delicado, com certeza típico homossexual que saiu do armário e refugiou-se com seus parceiros no mundo dos franciscanos, ou seja, a ordem a que pertencia. "O cara falava inglês, francês e russo, verdadeiro fruto da aristocracia europeia do entreguerras".[16]

Se o filho de Deus, conforme ele afirmava, era de uma simplicidade invejável, por que seus representantes no mundo de hoje são desta soberba inimaginável? — eu não parava de pensar.

Passaram-se dois dias, após ter Jesus conversado com vários samaritanos, deixando-os encantados com seus verbos, então Ele resolveu voltar para a Galileia. Caraca, mas voltar significava quase três dias de caminhada, era muito longe para ir a pé.

Buenas, tchê, como eu diria em casa, lá vamos nós.

Saímos ao amanhecer, desfrutamos de deliciosas frutas e, com nossos pertences, retornamos à Galileia. Na primeira noite em que acampamos à beira da estrada, eles se deitaram lado a lado enquanto eu me afastava e me sentava sobre uma pedra para observar as estrelas; deparei-me com um espetáculo deslumbrante: um verdadeiro manto de noiva adornado com cintilantes diamantes que cobriam a terra sem lua.

Tínhamos jantado carne de bode que eu assei como se fosse um churrasco dos nossos. André fez uma fogueira e Timoteo, os espetos esculpindo galhos. Eles adoraram.

Eu achei que fosse estranhar a comida da época; nada, era deliciosa, baseava-se em pão e no vinho; azeite de oliva era essencial e figos,

---

[16] Inspirado no livro *Ação ilegal*, de Stella Rimington, 1ª edição.

48

tâmaras, romãs, nozes, grão-de-bico, lentilhas, queijos, cordeiro e carne de bode também eram bastante consumidos.

Mateus e João se aproximaram perguntando o que estava acontecendo, notaram que eu estava um tanto cabisbaixo.

— Puxa, meus amigos, que paradoxo! Quantas diferenças, caramba! O mundo em que vivemos está todo distorcido. São dois mil anos de distância, e vocês já se foram há muito tempo. As escrituras são interpretadas por diferentes líderes religiosos e por seguidores de diferentes vertentes que eles criaram. Tem a igreja católica, cujo papa se diz o representante de Cristo, e tem as igrejas evangélicas, que não reconhecem a autoridade do papa. Sem falar nas luteranas e nas kardecistas. Afirmo que de cristão não existe nada, pois Jesus, que eu saiba, não fundou nenhuma religião. Sem deixar de falar nos seguidores da Igreja de Jesus Cristo dos Santos dos Últimos Dias, uma fé ou grupo religioso que afirma que Jesus visitou as Américas. Eles produziram um livro sagrado para sua religião também. E afirmam que este foi revelado por Deus, sendo traduzido de placas de ouro. Hum! Não tenho certeza se é verídico. Todos parecem um tanto céticos e adornados com uma camada exagerada de refinamento. Velho! Eles inventaram religiões em nome de Jesus somente para doutrinar e padronizar as pessoas, inventam mil coisas para agradarem Jesus, que aliás aqui nunca pediu nada a ninguém. Inventam um milhão de coisas para que Jesus os reconheça como cristãos, como crente bom, merecedor das bênçãos de Deus. Cara, é muita canalhice. Não sei se vocês já ouviram falar, ou se vão ouvir, de um tal de Paulo de Tarso. Esse cara foi quem moldou o cristianismo à sua maneira. Ele era um militar romano que, por um bom tempo, perseguia e executava os seguidores de Jesus. Por algum motivo, ficou cego e, da mesma forma que perdeu a visão, foi curado. A partir desse momento, passou a seguir os ensinamentos do mestre e se autodenominou cristão. Será que ficou cego mesmo? Ou era uma artimanha para abandonar as fileiras romanas e assim se tornar uma autoridade na sociedade cristã que estava surgindo ou ele criando?

"Maria Madalena, um tempo depois, diria sobre ele: 'Rejeito claramente qualquer texto de Paulo e indivíduos similares, pois expressam sua própria urgência de se manter em escritos aparentemente doutrinários'.[17]

"*Alora!!!*

"Tudo o que estou compartilhando com vocês está registrado em um livro chamado Bíblia, que, segundo alguns, foi escrito por vocês. Se isso for verdade, caramba, que merda. Por que vocês escreveram de forma tão cheia de parábolas, permitindo que cada leitor, especialmente os líderes religiosos, as interpretem conforme lhes convém? Lembrem, não escrevam para os cérebros das pessoas, e sim para seus corações."

— Como assim, com parábolas? — comentou Mateus.

— Resumindo, cheia de rodeios: se foram vocês ou não, ou se vão escrever, sejam claros. Digam exatamente o que estão vendo, não apenas o que estão sentindo, mas de forma direta, com palavras simples para que todos possam compreender da mesma maneira, sem segundas interpretações dos que se dizem representantes de Deus. Eu ainda não a li por completo, apenas alguns trechos, mas, por exemplo, ela diz que temos que pagar o dízimo! Nunca vi vocês ou Jesus cobrando alguma coisa, muito pelo contrário, vocês distribuíam o pouco que tinham. Não sei o que eles fazem com a grana que recebem, não é pouco, pois a grande maioria dos fiéis doa dez por cento de seus salários. Quanto aos católicos, não sei quanto doam, mas nas missas sempre há uma coleta de donativos. Se fazem algo com esse dinheiro, não sei, não, mas sei que a grande maioria das lideranças religiosas moram em verdadeiras mansões e constroem templos enormes com mármores e granitos caríssimos. A residência do papa dos católicos é na verdade uma pequena grande cidade, um Estado proclamado, onde ele vive cercado de seus cúmplices, em meio a inúmeras polêmicas, incluindo pedofilia, homossexualismo, supostas negociações com mafiosos, narcotraficantes e outros assuntos que indiretamente são denunciados em livros de "ficção".

Jesus, notando nossa ausência no grupo, aproximou-se sorrateiro para saber das nossas fofocas. Mateus, bem ao seu estilo, já foi lhe perguntando:

— Mestre, o que queres dizer quando te referes que somos o sal da terra?

---

[17] Inspirado no livro *Evangelho segundo Maria Madalena*, de Cristina Fallarás, p. 115.

Sempre muito atencioso, Jesus lhe explicou:

— Mateus, o sal preserva a carne da corrupção, retarda sua deterioração, eu quero que meus seguidores reprimam o mal do mundo, o sal realça o sabor das coisas, eu quero que meus seguidores renovem o mundo e façam parte de sua redenção, o sal também pode ser misturado com o mel e esfregado na pele para doenças, eu quero que meus seguidores participem da cura do mundo, e não de sua destruição. Eu não quero seguidores passivos, os que estão verdadeiramente comprometidos irão examinar isso profundamente procurando pela verdade.[18]

Ficou nos observando por um momento e retirou-se com um belo sorriso.

— Bem, gente — falei para eles —, já é tarde, vamos nos deitar, teremos ainda muito caminho pela frente. Boa noite. — Cada um me deu um beijo no rosto e se retiraram.

***

---
[18] Inspirado na série *The Chosen*.

4ª parte

Jesus decidiu voltar à Galileia mais uma vez, mas eu escolhi permanecer em Jerusalém. Não estava com disposição para fazer toda aquela caminhada novamente, especialmente sabendo que logo eles retornariam. Consegui um emprego como auxiliar de carpinteiro para me sustentar por algumas semanas (no século XXI era meu *hobby*). Algum tempo depois, encontrei-os na Porta das Ovelhas, onde Mateus me contou sobre o feito impressionante de curar um menino que era filho de um oficial do rei Herodes. O oficial ficou maravilhado, mas não pôde seguir o mestre devido às responsabilidades familiares e suas atividades.

— Ele sequer chegou a ver o menino; apenas instruiu o militar a voltar para casa, pois o menino estava curado. E não é que deu certo? — comentou Tiago.

— Mas escrevam isso direito, sem frescuras, ok? — eu disse e eles riram.

Próximo à Porta das Ovelhas, existiam tanques de água onde vários enfermos (coxos, cegos, paralíticos) se reuniam, esperando que as águas borbulhassem. A crença era que a pessoa que entrasse primeiro no tanque seria curada de sua doença. No entanto, todas as vezes que presenciei esse evento, nunca vi ninguém sendo curado.

Jesus notou a presença de um paralítico próximo ao tanque e, ao conversar com ele, descobriu que o homem estava lá há 28 anos tentando ser o primeiro a entrar no tanque quando as águas borbulhassem. No entanto, devido à sua paraplegia, ele nunca conseguiu alcançar o tanque por conta própria, e ninguém jamais o ajudara, pois sempre havia alguém mais capaz tentando ser o primeiro.

Jesus me chamou para perto dele para que eu testemunhasse sua atitude, encarou o paralítico e disse:

— Levanta-te, toma tua cama e anda.

Depois piscou para mim e saiu andando...

Uau! Não havia a menor possibilidade de o cara estar fingindo ser paraplégico por 28 anos. Aquilo foi, com toda certeza, um verdadeiro milagre. Eu estava presenciando tudo com meus próprios olhos, não era algo que li ou me contaram, eu estava vendo e participando da salvação daquelas pessoas.

Os sacerdotes judeus estavam extremamente irritados. Primeiro, porque o homem se proclamava filho de Deus, realizava curas e trabalhava no sábado, o que para eles era um sacrilégio. Estavam claramente perdendo influência para o Mestre, e sentiam a necessidade de tomar alguma providência. Além disso, o fato de ter curado o filho de um oficial do rei era imperdoável, passando os zelotes a ficarem de olho nele também.

A maioria do povo estava grata pelos milagres, mas isso não era o suficiente. O que eles realmente desejavam era um líder que os conduzisse em uma revolta contra os romanos, alguém que libertasse Israel do jugo de Roma.

João, não o Batista, o apóstolo, chegou perto de mim e comentou:

— Querido, queremos escrever de forma clara, para que o povo compreenda exatamente o que está acontecendo aqui, ou melhor, o que aconteceu aqui. No entanto, lembre-se de uma coisa: tudo já foi escrito, tudo está registrado nas leis e nos pergaminhos de Moisés. Diga aos teus seguidores que as escrituras são muito mais antigas do que imaginam. Nós estamos simplesmente testemunhando a chegada do Messias. Nossos antepassados, de alguma forma, já sabiam que tudo isso iria acontecer.

Meus seguidores? E agora, José?

Jesus passou por nós e me chamou.

— E daí, meu querido homem invisível, e tu como estás? Tudo é muito diferente do teu mundo, não? — Como se Ele não soubesse.

— Com certeza.

— Mas e lá, como está tua esposa, como está o relacionamento de vocês?

— Mestre, agora que passo o dia em casa, fica meio estressante, não por mim, mas acho que é ela quem está muito estressada. Eu invento o que fazer. Levanto às 6h30, tomo meu café e levo nossa filha para o trabalho dela. Volto para casa, deixo o carro na garagem e vou para a academia, só retornando por volta das 10h. Faço um *smoothie* de banana ou abacate e vou para nossa sacada. Ela tem janelões e é onde fica a minha pequena biblioteca. Fico lá até o meio-dia lendo ou escrevendo. Levo a mais velha para o trabalho dela, volto, pego a menor e vamos almoçar. À tarde, levo novamente a pequena ao trabalho e busco a mais velha, e assim vou passando o dia. Claro, o que me distrai mesmo é a leitura e a escrita. Além disso, minha esposa tem pavor de apartamento; a vida toda dela foi em uma casa, agora está muito incomodada tendo que se adaptar a um apartamento, embora ele seja ótimo.

— Acontece, meu amigo, na verdade, que ela ainda não percebeu que também está aposentada. O trabalho maravilhoso que fez com tuas filhas terminou. As meninas agora são, de certa forma, independentes e não precisam mais tanto dela. Isso é algo que ela precisa compreender, e é por isso que ela começa a reclamar de tudo. Mas isso vai passar, converse com ela — falou Jesus —, um dia ela vai perceber. A felicidade dela está dentro dela mesma; não adianta esperar pelos outros, muito menos por ti. Ela precisa viver, aproveitar as oportunidades que agora, mais do que nunca, começam a se abrir. Afinal, você pode ficar com as meninas; seu tempo acabou, é hora de descansar.

— Mas o que tu podes fazer por nós?

— Nada!

— Nada! Mas tu não és o todo-poderoso, o filho de Deus?

— Sou, e a única coisa que farei é abençoar vocês dois, lembrando que as escolhas sempre foram de vocês. Vocês têm que responder por elas, não eu. Para isso, eu lhes dei o livre-arbítrio. Nunca proibi vocês de nada, portanto a responsabilidade é toda de vocês. Lembra, mano velho — ele continuou —, "somos o resultado de nossas escolhas e decisões, em nossas mãos estão a nossa felicidade ou o nosso sofrimento. E é certo que não podemos voltar no tempo e apagar o que foi feito. Mas sempre podemos começar de novo e fazer a diferença".

— Caramba, me dá um conselho pelo menos, por favor!

— Conversem...

— Mas tem mais, cara! Tem muita gente chata, prepotente e soberba, como me relacionar com esse povo? Não tenho mais saco nenhum, não.

— Não esquece das leis do retorno.

— Mas às vezes bate aquela vontade de ir embora, mesmo sem ter para onde ir... É difícil você acordar triste por dentro e fingir estar alegre por fora... e é difícil sorrir quando se quer chorar, é difícil também explicar quando tu sabes que ninguém vai entender. Mas tu tens razão mais uma vez, na verdade eu não posso apagar minha história e nem tampouco desfazer os meus erros... A única coisa que posso fazer é continuar apontando os lápis e escrevendo novas páginas...

5ª parte

Eu já estava bastante próximo dos apóstolos, mas me identificava mais com Mateus, João e com o Zelote. Este era o típico guerrilheiro, louco para detonar com os romanos. Era um espadachim de primeira e manuseava a faca com muita facilidade. Em uma brincadeira, dei-lhe uma surra com meus golpes de caratê. Ele ficou impressionado e eu passei a ser seu treinador em artes marciais.

Comentei com eles que não era fácil para Jesus fazer as pessoas acreditarem nele, apesar de ter dado tantos sinais. Ele é filho de Maria e José, dois judeus de Nazaré. O povo dessa cidade não é muito respeitado, confiável; pelo contrário, têm uma grande fama de serem vagabundos. Essas pessoas viram Jesus crescer, então não será fácil para ele querer se passar pelo filho de Deus, dizer que é o Messias. E mais, os judeus esperavam um Messias guerreiro, não um santo. Caramba, todo mundo conhece José e Maria, e todos sabem que são eles os pais desse cara. Ele parece desequilibrado ao afirmar que veio do céu, que seu pai é de outro mundo. Sem falar nos sacerdotes judeus, eles estão com muita raiva, com uma grande inveja; afinal, Jesus está conquistando todos os discípulos deles e os deixando desacreditados. Eles farão de tudo para achincalhar Jesus, e se não conseguirem, vão acabar matando-o. Além disso, nunca se pode confiar totalmente em um grupo; podem ter certeza de que sempre haverá um traidor entre vocês. Sempre aparece alguém invejoso, sempre aparece alguém querendo tirar vantagem da situação. Lembrem-se de que, além dos sacerdotes, todo o Império Romano está contra vocês. A pressão chega a um ponto em que, pela sobrevivência, cada um precisa cuidar de si mesmo. E não é só na história, mas também na vivência que tive no meu mundo, é exatamente igual. Muitos traíram seus melhores amigos por inveja, medo e, enfim, pela sobrevivência.

— E tem mais, Mateus — disse a ele —, Ele diz que seu reino não é neste mundo. Caraca, que mundo é esse e onde fica??? O reino dos céus??? Que merda é essa?

— Meu amigo, todo mundo pensa que o reino dos céus é um lugar que a gente vai depois de morto, mas não é nada disso, o reino dos céus fica dentro da gente, nos nossos corações. Ele sempre diz para não procurarmos esse reino aqui ou acolá, porque ele está dentro da gente. Ponto final, devemos primeiro buscar essa conexão interior. Ele vive dizendo: buscai primeiro o reino dos céus, porque o resto vai ser acrescentado depois e é por isso que ele diz que tudo que ele faz vem dele, do seu reino, do seu Pai que está nele e isso, sim, chama-se fé. Aqui na terra nos tornamos esta forma física, mas não deixamos de ser essência divina. O verdadeiro sucesso é se conectar com essa essência e deixar desabrochar... Entendes???

Mateus me surpreendia dia a dia, claro que não entendi coisa nenhuma, mas vamos lá!

Estava se aproximando a Páscoa dos judeus, conhecida por eles como *Pessach*, que significa passagem. A Páscoa judaica é uma tradição milenar que relembra a libertação do povo hebreu da escravidão no Egito.

Em uma colina muito seca e sem água, uma multidão de mais de cinco mil pessoas aguardava Jesus para sua palestra. Foi um espetáculo; eu estava presente, ele tinha uma eloquência contagiante. No entanto, ao terminar, percebeu que ninguém havia trazido um lanche, ou seja, comida. Os apóstolos, aflitos, lhe perguntaram como iriam alimentar toda aquela multidão. Com certeza sairiam dali muito preocupados.

Nossa! Não tenho ideia de como ele fez aquilo, não foi mágica, pois eu estava ao seu lado. Ele pegou uma cesta de um jovem com cinco pães e dois peixes, fechou os olhos e olhou para o céu por alguns segundos; em seguida, mandou os discípulos dividirem em doze cestos e servirem o povo. Incrivelmente, pão e peixes brotavam dos cestos como se fosse uma cachoeira, e assim todos os presentes foram alimentados.

Velho! Ninguém me contou, eu estava lá e vi tudo acontecer.

Numa sinagoga de Cafarnaum, Jesus escandalizava todo mundo com suas palavras:

— Se não comerem a carne do filho de Deus e não beberem seu sangue não terão vida em vocês mesmos; pois minha carne é a verdadeira comida e meu sangue a verdadeira bebida; quem comer minha carne e beber meu sangue permanece em mim, e eu, nele; assim como o Pai, que vive, me enviou e igualmente eu vivo por ele, também quem de mim se alimentar viverá.

Muitos dos discípulos piravam total com suas palavras e muitos deixaram de segui-los. Ele sabia, os caras não estavam entendendo nada.

Na festa dos Tabernáculos, a festa dos judeus, ele repetia as mesmas frases, deixando a todos também escandalizados. Os sacerdotes mais ainda, e loucos para prendê-lo.[19]

No dia seguinte, ele esteve no monte das Oliveiras, e fomos com ele. Na mesma madrugada, voltou para o templo, onde vários o acompanharam. Enquanto estava dando suas lições ao povo, os fariseus e alguns escribas lhe apresentaram uma mulher. Segundo eles, ela era adúltera, havia traído o marido, e seu castigo era ser apedrejada até a morte. Queriam a opinião dele.

A mulher era impressionantemente linda, com as roupas rasgadas deixava à mostra parte de seus seios e suas pernas longas e perfeitas. Os hematomas em seu rosto não a tornavam menos bela. Eu estava encantado e louco para confrontar os escribas. Com um bom cuidado pessoal, com certeza ela seria uma deusa capaz de despertar inveja em muitas modelos francesas.

Jesus estava sentado, levantou a cabeça e deu uma resposta desconcertante:

— Quem nunca pecou entre vocês, que jogue a primeira pedra.

Todos se entreolharam, e aos poucos foram jogando suas pedras fora e se afastando envergonhados.

Jesus levantou a moça que a estas alturas estava jogada ao chão e lhe disse:

— Vai e não peca mais.[20]

---
[19] João, Bíblia, p. 1.497–1.499.
[20] João, Bíblia, p. 1.499.

Sem dúvida, o cara era um sábio. Não sei como se chamava, de prostituta não tinha nada, e se havia mesmo traído alguém, esse alguém deveria ser um babaca mesmo, conforme comentaram seus amigos apóstolos. No outro dia ela passou a acompanhar o grupo, tornando-se uma grande amiga e confidente dele.

Outra mulher deslumbrante que o acompanhava era Madalena, de Magdala. Mateus me dissera que ela passou a segui-lo após ter sido exorcizada por ele de espíritos malignos. Sabe-se lá! Era uma mulher muito opulenta e até então arrogante. Seu pai havia sido assassinado por rebeldes zelotes, decapitado, o que a deixara arrasada. Comentava que os homens poderosos, insensíveis, que prometiam trabalhar em prol dos povos menos afortunados, de seus seguidores, prometiam legislar e agir para que o mundo fosse mais equitativo e estabelecer uma ordem crucial, mas que tudo na realidade se transformava em campos de morte e em desordem.

Eu morria de ciúmes, pois Ele não permitia que eu fosse visível para ela. Que sacana, pensei. Com o tempo, comecei a me perguntar se ele não estava pegando a mulher. Mateus jurou que eram apenas amigos, que a conhecia há muito tempo, desde quando era chamado de Levi, coletor de impostos. Com minha sombra eu a observava; além de linda, "tinha uma tremenda destreza em economia, conhecimento das ciências do corpo, do cálculo e da astronomia. Ela era realmente incrível, uma verdadeira descendente da rainha Salomé Alexandra. Seguido, ela pintava suas pálpebras de verde com pó de malequita, deixando-a uma verdadeira deusa".[21]

Voltamos às ruas com Jesus se proclamando como a luz do mundo, dizendo que quem o seguisse jamais andaria nas trevas. Os fariseus, furiosos, o criticavam, dizendo que ele se autoelogiava, mas na verdade não passava de um mentiroso que gostava de iludir o povo.

Jesus respondia:

— Eu me autoelogio porque sei de onde venho e para onde vou, mas e vocês? Por acaso sabem para onde irão?

---

[21] Inspirado no livro *O evangelho segundo Maria Madalena*, de Cristina Fallarás, p. 41, 1ª edição.

Os caras ficavam perplexos, pois não tinham respostas. E assim passei um bom tempo acompanhando-os para cima e para baixo, enquanto Jesus realizava seu trabalho de pregação, salvando e curando vidas. Em uma das ruas de Jerusalém, nos deparamos com um cego, e os apóstolos se perguntavam que pecado ele ou seus pais teriam cometido para ele estar naquela condição.

— Nada disso — disse Jesus. — Estas pessoas estão nessas condições para que o poder de Deus seja revelado. Eles não pecaram, nem ele, nem seus pais. Provavelmente ele nasceu assim por um motivo especial. Mas eu irei curá-lo.

Com um pouco de barro e saliva, Jesus encheu os olhos do cego e o instruiu a lavá-los em um tanque próximo. Eu segui o homem e, como esperado, depois de lavar os olhos no tanque, ele passou a enxergar.[22]

Os fariseus e sacerdotes, ao testemunharem o homem lavando os olhos e recuperando a visão, ficaram admirados e queriam saber quem tinha feito aquele milagre. Alguns até sugeriram que fosse obra do demônio. Eu interrompi o interrogatório que estavam fazendo com o coitado e lhes disse:

— Chega! Deixem o cara em paz. Quem fez isto? Foi Ele, o cordeiro que tira os pecados do mundo.

Os caras vieram para cima de mim como se eu tivesse dito milhões de blasfêmias. Peguei o cego pelo braço e o conduzi até a primeira porta que saísse para fora da murada. Quando voltei, contei a Jesus o ocorrido. Ele estava com Madalena, minha deusa, aliás não se desgrudavam. Como ela não me enxergava, eu o peguei pelo braço e lhe disse:

— Velho, temos que conversar, dá uma desculpa e vem atrás de mim.

Caminhei, ele me alcançou, peguei em seu braço e passei a dizer enquanto caminhávamos de braços dados:

— Amigo, eu sei que nos deste o livre-arbítrio, mas a situação está muito difícil. Tenho certeza de que estás acompanhando, embora já tenhas partido, e sabemos que, no século XXI, já estarás com Deus

---

[22] João 9:4, Bíblia, p. 1.501.

há muito tempo observando as coisas que acontecem no mundo. Então, neste momento, sabes o que está ocorrendo no Brasil. Sabemos que somos responsáveis por nossas ações, atitudes e escolhas, mas o que está acontecendo não é exatamente isso. Uma calamidade está afetando a vida de todos, é um inferno. Tu, como ninguém, sabes que o demônio tem dois braços: o braço direito do demônio na política é chamado de capitalismo amoral ou neoliberalismo e o braço esquerdo é o socialismo/comunismo.

"Sabes por que são dois braços do mesmo demônio? Sabes, mas vou te repetir: porque o sonho dos dois é destruir nosso Senhor Jesus Cristo e a moral cristã, ou seja, querem destruir contigo. Eles chamam a isso de "ilusão". O capitalismo e o socialismo e o comunismo não são opostos entre si, cara! São diferentes, mas não são antagônicos entre si. Mentiram para nós. O comunismo/socialismo é na verdade o objetivo, a meta maior do capitalismo e eu vou te provar."

— Como? — disse Ele.

— Não sabes??? Estás me testando, caralho! A grande prova disso é que são os megacapitalistas, os donos dos bancos, os grandes banqueiros que hoje financiam o comunismo e o socialismo. Por quê? Porque com o empobrecimento geral da nação eles querem que todos precisem do banco.

— Mas para quê?

— Ora, para quê? O trem todo funciona na base da grana, meu amigo. Por acaso neste mundo, agora, não é assim também? Vocês vivem numa puta merda por quê? Porque não têm grana.

"Meu amigo! — eu continuei. — A diferença entre o capitalismo liberal e o socialismo/comunismo está no grau de fanatismo do desprezo e no ódio que cada um deles tem pelos valores cristãos. Enquanto o capitalismo liberal é indiferente ao cristianismo, pregando a independência entre política e religião, que a gente sabe que é impossível, enquanto eles pregam isso, o socialismo/comunismo atual é satanista e promete perseguir e matar os cristãos como nunca. Então o que o socialismo/comunismo usa como ferramenta no campo do convencimento é o engodo semântico de Antonio Gramsci. Engodo, meu amigo, que tu sabes muito bem, é a armadilha semântica do uso de palavras com significados que nós achamos que têm, que entendemos. Eles têm um dicionário próprio para enganar o povo, meu velho. Exemplo: como nós entendemos Democracia como o governo do povo ou da maioria das pessoas de uma nação, os comunistas/socialistas usam a palavra "democracia" como sinônimo de poder de quem é socialista. É por isso que acusam os conservadores de serem contrários à democracia, eles sabem que os conservadores são democráticos, eles sabem disso. Para eles todos os não socialistas, portanto contrários ao socialismo nessa armadilha de significado, são antidemocráticos, ou seja, anticomunistas. A palavra "inocência", usada, por exemplo, pelo Lula (o atual presidente — rei — do Brasil), significa lealdade à causa revolucionária comunista/socialista, lealdade à causa deles, por isso Lula diz, sempre que pode, que não há pessoa mais inocente que ele. Ele não está mentindo, conforme o dicionário deles. Ele é um grande corrupto, desviou bilhões, existem provas e sabe-se que em tudo que ele tem feito de ruim, ou pelos menos aqueles mais bem informados sabem, a questão é que o significado é outro. Quando ele diz que não há ninguém mais inocente que ele, ele está dizendo que não há ninguém mais leal à causa comunista/socialista do que ele, ou seja, vocês sabem que eu farei qualquer coisa, custe o que custar, pela causa.

"Como isso?, eu me pergunto. Com o engodo semântico. Não é de conhecimento de todos, muitos ainda estão iludidos com aquela ideia de teologia da libertação, de causa dos pobres, mas isso é falso, é um engodo semântico. E o Brasil é a última resistência dessa nova ordem mundial comunista/socialista financiada pelos megacapitalistas.

"Estás entendendo a merda em que estamos metidos? Caraca, só tu mesmo para nos ajudar, não é uma questão de livre-arbítrio, o negócio é muito macabro e não é uma escolha da grande maioria do povo brasileiro, existe uma minoria com apoio do Supremo Tribunal Federal, de generais das forças armadas que estão fomentando essa maldade toda.

"Velho, por favor, dá uma luz. Não quero que tu te metas, que faças um milagre, mas orienta os mais sábios a tomar alguma atitude.

A não ser que estejas concordando com essa porcaria toda. Sabemos que o teu representante cristão, dos católicos, o papa, não passa de um babaca esquerdista, mas tu estás de acordo com eles, porra? Pelo menos nos diz, e eu sumo daqui de uma vez por todas."

Larguei do seu braço e me mandei para o morro das Oliveiras, descansar e pensar um pouco. Fechei meus olhos, olhei para o céu e em segundos lá estava eu em casa novamente. Busquei minhas meninas no trabalho de cada uma, tomei um banho e saímos para comer uma pizza, não sem antes colocar minhas vestimentas jesuítas para dar uma boa lavada. Minha esposa foi com sua irmã visitar uma tia, fiquei desapontado, pois gostaria que ela estivesse conosco para depois deixarmos as meninas em casa e partirmos para alguma aventura. Talvez um motel! Ela vestia um vestido vermelho, uma peça intrigante, singular, de gola alta e mangas compridas, exalando sensualidade. Um vestido típico para ser retirado com um hábil movimento.[23] Sua irmã, mais conservadora, usava um vestido bege de cetim de algodão que lhe valorizava os olhos e os cabelos escuros, o rosto e os braços morenos de sol. Quando estávamos na pizzaria, entrou a moça da academia usando um colã branco de corpo inteiro, calcinha fio dental turquesa, botas de camurça e jaqueta de couro. Ela me encarou e deu um sorriso muito malicioso me levando às nuvens.

Em casa, enquanto todos dormiam, deixei um bilhete sobre a nossa cômoda explicando que saíra para uma assessoria a uma empresa de laticínios no Rio Grande do Sul e que ficaria distante por quinze dias. Fui ao quarto das meninas e dei um beijo em cada uma, sem deixar de me surpreender novamente com os desenhos da pequena sobre Jesus. Eram simplesmente lindos e de uma realidade impressionante. Se eu os mostrasse para Judas com certeza me aconselharia a usar seus talentos para enriquecer, falsificando quadros de famosos, o que não me surpreenderia. No mesmo bilhete avisei que a faxineira também não iria trabalhar no outro dia. A menina era venezuelana, uma das poucas que preferira trabalhar como doméstica em uma residência familiar do que em um prostíbulo, que parece, aliás, ser a forma mais comum de

---

[23] Inspirado no livro *Baltimore Blues*, de Laura Lippman, p. 51, 1ª edição.

globalização.[24] Vesti-me a la Jesus, fui para o elevador, fechei os olhos e lá estava eu novamente com toda a gangue. Eu tinha que ter uma resposta sobre sua interferência ou não no nosso país.

Madalena estava linda, com uma bata colorida, com abertura nas laterais mostrando suas pernas. Por momentos parecia estar manchada como uma folha no outono, ocra, laranja, acanhada na luz e um pouco esverdeada nas bordas; uma folha suspensa no ar, entre o ar e a terra úmida, pronta para se decompor; seguido assim ela se definia a Mateus.[25]

O calor era uma loucura no meio daquela areia toda. Me aproximei de Jesus, ele me deu uma piscada, apertou minha mão como se dissesse que tomaria uma atitude. Resolvi então permanecer no grupo para acompanhá-los nas suas curanderias.

***

---

[24] Inspirado no livro *A falsificação de Vênus*, de Michael Gruber, p. 115, 1ª edição.
[25] Inspirado no livro *O evangelho segundo Maria Madalena*, p. 47, 1ª edição.

6ª parte

O tempo passava rápido quando eu estava fora, ou melhor, abduzido, mas sentia uma saudade imensa das minhas meninas. Voltei para casa bem a tempo de assistir ao Jornal Nacional da TV Globo. Seus apresentadores estavam criticando nosso ex-presidente, que eu admirava muito. Troquei de canal sem que percebessem, pois estava no início e a novela que elas adoravam iria demorar um pouco. Quando mudei para o outro canal, também estava passando o telejornal deles, "Pingo nos Is". Eu gostava muito desse programa. Veio um comercial e logo depois teria uma entrevista com uma portuguesa comentando sobre a educação nas escolas portuguesas em relação à ideologia de gênero. Eu sabia que Deus estava ciente de tudo o que estava acontecendo, mas fiz questão de entrar em contato com Jesus e pedir que viesse assistir comigo, ao vivo e na íntegra. Ele não só veio, como trouxe consigo Madalena, ambos vestidos ao estilo do século XXI.

A campainha tocou, minha esposa abriu a porta da sala e os dois estavam ali, perguntando por mim. Gritei para que os convidasse a entrar e os apresentei como amigos do curso de teatro que eu frequentava na Casa da Família. Eram jovens e muito bem-vestidos, ele com quase 33 anos e ela com não mais de 27 anos. Minha menina Down o abraçou como se o conhecesse desde sempre, com um carinho fora do comum. Logo buscou seus rascunhos e lhe mostrou o deixando admirado. Em uma tela 30 x 30 uma pintura a óleo que lembrava muito uma pintura que Leonardo Da Vinci havia feito de Jesus, intitulada "Salvator Mundi". Uma bisavó dela foi uma artista maravilhosa, talvez tivesse herdado esse dom, mas o despertar de uma hora para outra era o que nos deixava boquiabertos. Em outro desenho, ela retratava a Virgem com traços delicados. O rosto assemelhava-se ao de sua mãe, mas a expressão era única. Era um rosto de mulher real, longe das feições de bonecas frequentemente retratadas por muitos artistas. Já a mais velha encantou-se com Madalena. Ele, Jesus, tinha o cabelo curto e um cavanhaque perfeitamente aparado. Suas roupas eram estilosas, destacando-se uma camisa polo amarelo-canário, calças de linho branco impecavelmente passadas e botas de couro marrom. Nada a ver com meu amigo do primeiro século. Madalena era alta, magra, com belos ombros, pescoço e busto normais, uma pele bronzeada, cabelos negros como ébano e muito abundantes. Um tanto selvagem, sem dúvidas. Seus olhos negros tinham um leve tom amarelado, um olhar insolente, dentes brilhantes e lábios pintados de vermelho-carmim. Ela se vestia com elegância vistosa e muito bom gosto. Seus pés e mãos eram admiráveis. Apertou minha mão fixando seus olhos nos meus como se dissesse:

— És tu?

— É, sou. — Dei um sorriso e ela retribuiu com um beijo em meu rosto também sorrindo, quando na bochecha direita apareceu uma linda covinha.

Minha esposa chamou a atenção dos dois, estava usando uma saia cinza-pérola curta e confortável, uma blusa vermelho-púrpura, de seda e decotada. Seus brilhantes cabelos negros ondulados estavam soltos, sem nenhuma faixa nem presilha. Estava deslumbrante.

Ele pediu desculpas pelo atraso, explicando que haviam passado por uma pequena sinagoga perto de nossa rua que chamou a atenção deles. A sinagoga era pequena, construída por amigos judeus que se reuniram quando se mudaram para cá. Sua fachada se abria para a calçada com um lance de degraus de mármore em estilo barroco. Eles decidiram entrar e, por alguns minutos, participaram de uma breve sessão de oração. Sentaram-se conosco em um amplo sofá que temos na sala; minha esposa havia trocado o sofá de couro de aparência barata por um modelo mais bonito e elegante, em uma versão mais ampla e com um tom mais suntuoso, verde-escuro. A mesma tonalidade serpenteava pelo tapete azul-marinho, pintando as pernas de uma mesa de centro baixa, enquanto a entrevista estava prestes a começar. Antes de iniciar, o jornal "Ponto nos Is" estava concluindo um comentário sobre o horror da guerra em Israel. Ele permaneceu em silêncio, sem dizer uma palavra. Foi nesse momento que eu lhe perguntei:

— Conheces bem esse local, não?

O jornalista comentava e apresentava os relatos das atrocidades cometidas pelo Hamas: estupros, morte de crianças, assassinato de idosos. Em resumo, era uma reportagem capaz de arrepiar qualquer pessoa.

— Então, meu amigo, foi para isso que Ele escolheu esse povo?

— Ele me encarou seriamente enquanto eu falava como se estivesse me dirigindo diretamente a ele, a Jesus. — Sem mencionar a Primeira Guerra Mundial, a Segunda e tantas outras. Eu simplesmente não consigo entender esse teu Deus, esse teu pai, permitindo essas loucuras. Bastaria iluminar as mentes dos líderes e nada disso aconteceria. E, por favor, não venha novamente com essa história de livre-arbítrio, porque para mim é um engodo. Não é possível que Ele tenha criado os seres humanos para viverem nesse embate diário e constante. Foi para isso? É se matando das formas mais imbecis que eles aprenderão alguma coisa?

— Meu querido! — ele disse. — Meu querido tenente, as coisas passam, as coisas passam; os bons tempos, os tempos de paz acabam voltando um dia. Procura ver esses acontecimentos como intervalos musicais, tudo passa.

— Claro que tudo passa, mas a que preço, caralho? — (Louco para mandá-lo à merda.) — E vocês ficam aplaudindo a banda passar? É assim que funciona? Quantos se ferram por atitudes de uma minoria poderosa que está pouco ligando para a humanidade, para o povo que vocês criaram. É assim? Esperando a música acabar e a banda passar???

"Já ouviste falar sobre as cruzadas, não? Afinal, és um homem estudioso — lhe perguntei sério."

— Claro!

— Então, se os judeus são os verdadeiros descendentes de Jesus, como Deus permitiria que aqueles que se autodenominam seus representantes, como os papas ao longo da história, liderassem o massacre de Jerusalém nas famosas cruzadas? Sob a justificativa de vingar a morte de seu filho, eles massacraram um povo inteiro em nome do Pai.

Velho, esses caras são perseguidos desde essa tua época até a minha, são perseguidos há milhares de anos. Como podemos entender essa situação? Que tipo de Deus é esse?

"Ou vais me dizer — continuei falando —, como dizem os nossos sacerdotes: 'Eles nunca aceitaram Jesus como filho de Deus'? E daí? Não deixaram de ser crias de vocês. E por isso serão castigados, até quando? Teu pai é vingativo? Onde está o amor perfeito pregado por vocês? Muitos católicos também não acreditam em ti, que tu sejas o filho do cara, por que eles acreditariam, ainda mais ele vindo nessa tua época? Querendo ou não, meu amigo, retiraste todo o glamour deles. Eles eram os caras, os religiosos que comandavam o povo orientando-os a acreditarem em Deus. De uma hora para outra tu apareces e bagunças tudo, querendo tomar conta de tudo??? Não teria faltado algum discurso, uma narrativa mais apropriada para com eles?

Passou, o jornal terminou e a entrevista que estávamos esperando começou, tudo muito rápido.

"A ideologia de gênero é um conjunto de ideias anticientíficas com propósitos políticos totalitários que estirpa a sexualidade humana da sua realidade natural e a explica apenas pela cultura. Neste momento nas nossas escolas nós temos adultos em sala de aula a dizer aos meninos que eles podem dizer, ahhh... ser meninos e que as meninas podem ser meninas quando quiserem, e o que mais me assusta, isso tem tudo a ver com os meios de comunicação social, com telenovelas, filmes, com séries, com tudo que eles usam. É uma lavagem cerebral massiva em que se veem pais a dizer, ahhh... se meu filho quiser ser uma menina, tudo bem, qual é o problema? Há casos terríveis nas escolas, nós neste momento em Portugal temos mais de 100 pessoas arrependidas por terem mudado de sexo. Tivemos recentemente na televisão portuguesa um jovem a dizer que, depois de ter feito todo o procedimento, a única solução que lhe resta é o suicídio. Ou a eutanásia, porque lhe destruíram a vida. Porque ninguém diz às crianças o que é um processo de transição de gênero, porque ninguém muda de sexo. Todos nós temos cromossomas XX ou XY, as células de nosso corpo são masculinas ou femininas. A cirurgia plástica pode mudar o exterior, mas interiormente nós permanecemos exatamente como Deus nos criou, homens e mulheres.

E aquilo que estavam a fazer as crianças nas escolas é simplesmente criminoso. Eu tenho duas netas e isso mexe muito comigo."

Após o término da entrevista, desliguei a televisão e os convidei para jantar conosco. A esposa também tinha substituído uma velha mesa de madeira por uma linda mesa de tampo de vidro e seis cadeiras elegantes cor de marfim, estofadas de damasco salmão.[26] Ela era jornalista e curtia uma fase muito boa na profissão. Por coincidência, eu adorava, minha esposa havia preparado filé *au poivre*, batatas cozidas, arroz com brócolis e salada, e para acompanhar, um bom vinho argentino.

Enquanto jantávamos, comentei sobre a entrevista.

— Amigo, espero que Deus esteja atento a tudo isso, pois é um problema global, não se restringe apenas ao nosso país.

Eles me escutavam com uma atenção surpreendente, considerando quem eram; e eu continuei:

— Eu sei, e já disse a um grande amigo que nos foi dado o livre-arbítrio, mas, tchê, que Deus nos ilumine, que dê apoio aos fortes, que oriente aqueles capazes de tomar uma decisão para mudar todo esse cenário. Que tenham força e, principalmente, coragem.

Por alguns momentos, o silêncio foi marcante. Madalena balançava a taça de vinho da cor de seus lábios e aquecia seu bojo com as mãos com um charme inesperado para quem a conhecera nas areias de Jerusalém. Acredito que eles interpretaram os acontecimentos de forma positiva e que, de uma maneira ou de outra, tomariam alguma decisão ou atitude. No entanto, não deixou de mencionar...

— Podemos reconhecer que homens e mulheres têm potencial para uma ampla gama de habilidades e qualidades, e que a verdadeira igualdade vem da valorização de ambos, independentemente de estereótipos de gênero.

Nos entreolhamos admirados.

Fiquei surpreso com o comportamento deles à mesa, pois aqueles que estavam acostumados a comer com as mãos se comportaram como verdadeiros cavalheiros.

---

[26] Inspirado no livro *Baltimore Blues*, de Laura Lippman, p. 243, 1ª edição.

Na tevê alguém comentava sobre democracia, Ele escutava um tanto desatento, eu aproveitei e lhe disse:

— Essa democracia tão mencionada, sobretudo na principal emissora de televisão desta nação, revela-se apenas uma estrutura hipócrita de políticos sem carisma e rainhas da beleza, além de indivíduos eleitos pela publicidade e pela riqueza, ligados a influentes líderes do crime organizado, do tráfico de entorpecentes, do contrabando de armamentos, de funcionários corruptos de grandes corporações, dos intermediários e outros...

Ele não respondeu, ficou apenas me olhando sério.

Nos despedimos com abraços calorosos, como se logo nos reencontrássemos em outras ocasiões, enquanto ele sussurrava no meu ouvido:

— Olhe para a frente, um guerreiro só abaixa a cabeça para orar e depois se levanta para vencer. Se sentir medo, siga em frente mesmo assim! "Lembre-se de que adiante está Deus, aquele que é o teu escudo."

Eu pensei: falou como um zelote.

Entrei no elevador com eles e sugeri que Madalena permanecesse mais uns dias conosco. Tem um hotel aqui pertinho, seria genial ela entender um pouco o que se tornou seu mundo. Minha esposa com certeza a acompanhará por todos os cantos da nossa linda cidade, onde atrações não faltam. Jesus topou meio contrariado, do interfone comuniquei minha esposa que estaria levando Madalena até o hotel Melo.

Ele pegaria o ônibus hoje mesmo, mas ela ficaria uns dias para conhecer a cidade. Acompanhei-a até seu quarto, dentro do elevador nos olhávamos sem falar nada. Tão logo ela abriu a porta, me puxou para dentro e me deu um beijo maravilhoso. Claro, transamos com uma complexidade maravilhosa, mesmo eu me sentindo um canalha. A tesão foi maior. Parecia que nos conhecíamos há anos, foi lindo. Apesar dos pesares não foi uma "trepada", fizemos amor com muita ternura e carinho, como se fôssemos dois adolescentes apaixonados.

Maria, minha esposa, fez uma amizade linda com ela. Andaram uma semana inteira juntas, por todos os cantos do Balneário, como se fossem amigas de infância. Claro que, com essa amizade toda, dancei.

Passei a ser o marido de sua melhor amiga no século XXI. Foi muito legal. Uma determinada tarde, fomos dar uma volta na famosa roda--gigante da praia; Madalena estava linda vestindo uma *legging* preta e um suéter preto de malha aberta, sobre uma camisa branca, botas pretas com soquetes brancas, e brincos de ouro com ônix e pérolas; uma gata, sem dúvidas. Não sei como comprou essas roupas e acessórios, creio que foi coisa da minha esposa. Foi um sarro, na primeira volta acendi um baseado e ela deu várias puxadas. Quando saímos todos os presentes nos olhavam, pois parecíamos duas crianças rindo de alguma aprontada, e aprontamos mesmo. Foi muito divertido. Quando minha esposa chegou para nos levar para um lanche em Itapema logo notou nossa safadeza. Também riu um monte da gente.

Ficamos passeando por uns bons momentos para o efeito passar e durante esse tempo perguntei a ela o que eles eram... A resposta foi maravilhosa:

— Eu o amo, e creio que somos o belo, somos o fruto do pensamento, somos o corpo que roça a possibilidade do conhecer com a ponta dos dedos, somos aqueles que vislumbram a própria finitude.[27]

***

---
[27] Texto retirado do livro *O evangelho segundo Maria Madalena*, de Cristina Fallarás, p. 97, 1ª edição.

7ª parte

Nos reencontramos em Jerusalém, no mesmo acampamento próximo à porta de Damasco. Se é que aquilo poderia ser chamado de acampamento. Ela não queria voltar, confessou que gostaria de permanecer no nosso século. O grande senão era a falta de liberdade de expressão; no seu tempo, embora fossem escravizados pelos romanos, tinham certa liberdade. Foi algo muito louco, pois Madalena, como num toque de magia, estava vestida com roupas da época, enquanto eu voltei a ser invisível para ela. Sabia que nunca mais nos veríamos. Paciência… Jesus me deu um abraço, chamei-o a um canto e mostrei meu celular.

— Amigo, tu sabes desses avanços, mas é para leres um discurso de formatura que aconteceu esta semana no Brasil, na Universidade do Rio Grande do Sul, em Porto Alegre. O discurso estava gravado no meu celular.

Vamos ler juntos:

"Queridos formandos, burros e jumentos!

Se alguém ainda tinha alguma dúvida, o ranking do Pisa provou de uma vez por todas que a tal "pátria educadora", que encheu péssimas universidades com péssimos alunos formados por péssimos professores, era apenas um embuste.

Distribuir diplomas a pessoas de baixa inteligência, nenhum talento, estúpidas, cotistas etc. é como marcar a ferro o traseiro de bois e vacas que estão indo para o abate. Neste caso justificável.

Na nossa cultura deformada pelo "coitadismo", ou para falar mais academicamente, pelo "ethos igualitarista moderno", teimamos em achar que a Universidade é para todos.

Nunca foi e nunca será.

Essa é uma das maiores mentiras da modernidade.

A decadência da civilização se iniciou com a universalização do ensino, com a troca da formação espiritual e intelectual puras, "ars gratia artis", no sentido aristotélico, pelo adestramento meramente utilitarista para fins de sobrevivência.

Universidade é para uma elite intelectual. É para quem realmente tem talentos, gosta de estudar e tem uma inteligência privilegiada. Sua prioridade é produzir conhecimento, e não formar mão de obra... e, muito menos ainda, formar militantes revolucionários que pretenderão implantar no país regimes ultrapassados e falidos, como o comunismo, para proveito de poucos, por exemplo.

Para formar profissionais e mão de obra, existe o ensino profissionalizante e técnico.

As oportunidades que devem ser oferecidas a todos são a de uma boa formação de base onde, por meio da meritocracia, serão revelados aqueles mais capazes de ir para a Universidade e, lá, produzirem conhecimento.

Transformar todo mundo em universitário apenas para não ferir a autoestima do jovem maconheiro que usa piercing no nariz e alargador na orelha é algo completamente estúpido!

Tudo que os governos do PT conseguiram foi queimar centenas e centenas de bilhões de reais, para produzir o pior, o mais idiota, o mais ignorante, o mais analfabeto e, por consequência, o mais mimado, alienado e arrogante aluno do mundo!

Nivelaram todo mundo por baixo, destruíram qualquer possibilidade de formar uma verdadeira elite intelectual para o país. São mais de duas décadas jogadas inteiramente no lixo! Trocaram a meritocracia (de alunos e professores) pela "universalização", pela "política de cotas" e pela "ideologização".

Nunca reconhecendo que as pessoas são essencialmente diferentes, umas mais inteligentes, mais capazes, mais interessadas e mais esforçadas que as outras. E tentam enfiar, goela abaixo de todos, o maldito igualitarismo que sempre favorecerá o vulgar, o grosseiro e o ignorante. Sempre nivelará por baixo, rebaixará a tudo e a todos, e produzirá os piores resultados.

Reúna vários alunos inteligentes e todos se tornarão mais inteligentes ainda.

Cerque um gênio de medíocres e vulgares, e testemunhará sua lenta e gradual decadência.

Numa era em que a humanidade enfrenta a sua mais radical transformação tecnológica, a civilização cibernética põe em xeque toda a cultura humanista, havendo uma mudança profunda de quase todos os paradigmas científicos, sociais e econômicos. Nanotecnologia, microbiologia, projeto genoma, matriz energética, 5G e 6G, internet das coisas etc.

Nós gastamos trilhões em vinte anos para produzir uma geração "Nem-Nem" de mimados, estúpidos, deprimidos, feminilizados ou masculinizados, vazios, idiotas e arrogantes, que votam num PT, num PSOL e morrem de medo de se tornar adultos.

Uma legião de falsos graduados sem possibilidade de emprego, endividados com o FIES, caminhando para a meia-idade, morando com os pais e frequentando a marcha da maconha porque precisam urgentemente se alienar e legalizar seu suicídio."

Maurício Mühlmann Erthal

— Cara! É um texto maravilhoso e retrata com perfeição a realidade! Mas não é só no meu país, é em todo o mundo, e foram vocês que criaram esta Terra, este planeta. Caramba, foi teu Pai que criou o mundo e vão deixar essas coisas acontecerem? E não me venha com essa história de livre-arbítrio, caramba! Não aguento mais esse discurso. Não querem se meter, tudo bem, mas dar uma luz para os mais esclarecidos e orientações de como mudar toda essa confusão pode ajudar, por favor, não custa nada. Ou então façam como em Sodoma, transformem todo mundo em sal e ponto final.

Ele me abraçou e chorou, não só com o que leu, mas também porque uns minutos antes ele soubera da prisão do seu primo João Batista. Estava desanimado, também porque, enquanto eu estava com Madalena, ele saiu como um verdadeiro espírita explorador para conhecer as construções em seu nome. Visitou o Templo de Salomão em São Paulo, outras catedrais distribuídas pelo país e até foi a Roma conhecer o Vaticano. Viu as flechas em chamas dos inimigos dos seus escolhidos sendo derramadas sobre a Terra Santa. Cara, ele estava realmente furioso.

— Eu já sabia de tudo isso — confessou ele. — Meu pai já havia me falado, mas estar presente, tocar nas coisas, nos santos de pedra ou gesso, sei lá o que era aquilo, é de partir o coração de qualquer um.

Tenho certeza de que meu pai se identifica muito mais com Espinosa do que com esses homens que se dizem seus representantes.

— Que tristeza as enchentes no Rio Grande, foste até lá, não? — eu continuei dizendo a Ele. — O estado já perdeu 140 pessoas para os alagamentos, milhares de famílias estão desalojadas e mais de cem mil estão desaparecidos. O que o teu pai diz sobre tudo isso? O que esse povo fez para merecer uma tragédia assim? Onde está Deus quando acontece uma tragédia como essa?

Ele chorou, e me respondeu com os olhos cheios de lágrimas:

— Deus permanece no mesmo lugar de sempre, no coração das pessoas que assistem a isso e não conseguem ficar paradas, que se movem para ajudar. Onde está Deus? Ele está nas reações daqueles que verdadeiramente amam, que se colocam no lugar do próximo e não conseguem seguir adiante sem interferir positivamente na vida do irmão que sofre; isso é compartilhar o fardo alheio. Deus não está no mundo para evitar que as dores cheguem, pois haverá muitas aflições, mas sim para inspirar as pessoas a aliviar a dor e o sofrimento de muitos. E mais, com a ajuda do Pai, os gaúchos logo voltarão a ser grandes.[28] Como eles mesmos dizem: "Não está morto quem peleia".

— Meu querido — eu continuei —, chora à vontade, mas não esqueça que meu país é uma ferida enorme e aberta, sangrando da mesma forma que a Pátria Santa onde tu nasceste.

— Tudo passa! — ele comentou.

— Velho — eu continuei —, nossos encontros estão terminando; logo, logo nos despediremos definitivamente, pelo menos fisicamente. Mas vou me despedir com um poema escrito em 1800 da tua era, escrito por K. O. Meara, pois eu acredito em ti e como tu falaste, permaneceremos unidos eternamente.

Quando a tempestade passar,
as estradas se amansarem,
e formos sobreviventes

---
[28] Inspirado nas palavras do pastor Tiago Brunet, no Instagram.

de um naufrágio coletivo,
com o coração choroso
e o destino abençoado
nós nos sentiremos bem-aventurados
só por estarmos vivos.
E nós daremos um abraço ao primeiro desconhecido
e elogiaremos a sorte de manter um amigo.
E aí nós vamos lembrar tudo aquilo que perdemos
e de uma vez aprenderemos tudo o que não aprendemos.
Não teremos mais inveja, pois todos sofreram.
Não teremos mais o coração endurecido.
Seremos todos mais compassivos.
Valerá mais o que é de todos do que o que eu nunca consegui.
Seremos mais generosos
e muito mais comprometidos.
Nós entenderemos o quão frágeis somos,
e o que significa estarmos vivos!
Vamos sentir empatia por quem está e por quem se foi.
Sentiremos falta do velho que pedia esmola no mercado,
que nós nunca soubemos o nome e sempre esteve ao nosso lado.
E talvez o velho pobre fosse Deus disfarçado...
Mas você nunca perguntou o nome dele
porque estava com pressa...
E tudo será milagre!
E tudo será um legado.
E a vida que ganhamos será respeitada!

Quando a tempestade passar,
eu te peço, Deus, com tristeza,

que você nos torne melhores.
Como você "nos" sonhou.[29]

Fechei os olhos e logo estava eu junto aos meus familiares assistindo ao jornal da TV Record com os comentaristas mostrando o desastre do Rio Grande. Minha filhota Down apertou minha mão — estávamos de mãos dadas — e me disse:

— Papito, temos que ajudar o dindo...

No mesmo momento minha esposa convidou-nos para irmos ao centro de arrecadação de donativos para os flagelados... Meus Deus, que loucura, dezenas de pessoas de diferentes idades oferecendo suas mãos, e não seus nomes para receber, encaixotar e carregar os contêineres que seguiram para o sul. A emoção abraçava todos numa verdadeira força-tarefa, em uma verdadeira guerra contra as águas; um inimigo que não se poderia matar com balas... Chorei...

Durante os trabalhos de mão em mão, um senhor comentou onde estaria Deus nessa catástrofe toda. Apertei seu braço, surpreendendo-o e lhe respondi:

— Dentro do teu coração, meu amigo. Não é por nada que estás aqui, tu e toda esta gente. Deus está nas nossas atitudes, dentro de todos esses corações. Na solidariedade, na resiliência, enfim, dentro de nós. Eu vejo Deus quando os voluntários resgatam crianças como se fossem seus filhos, quando resgatam senhores e senhoras como se fossem seus tios ou avós, eu vejo Ele quando se preocupam com os animais que ficaram para trás, eu vejo Ele quando pessoas que não tinham nada a ver com isso juntam tudo que têm e vão para lá e ajudam pessoas que nunca viram antes, vejo Ele quando abrigos são criados em segundos com doações de voluntários, eu vejo Deus na oração daqueles que entenderam que o único que pode curar toda essa dor é o nosso Deus.[30] Geremias 29:11 diz: "Pois sou eu que conheço os planos que tenho para você, diz o Senhor, planos de fazê-lo prosperar e não de causar danos, planos de dar a você esperança e um futuro."

---
[29] K. O. Meara, poema escrito durante a epidemia de peste em 1800.
[30] Inspirado em redes sociais, autor desconhecido.

Caraca! Me dei conta num repente que repeti para o homem exatamente as palavras de Jesus.

Ele me olhou fixando seu olhar no meu e respondeu:

— Deus de Espinosa!

Mais um instante, enquanto eu passava um fardo de água para as mãos de outra pessoa ao meu lado, e outros gritavam comandando as operações, e do aparelho de som ali presente soavam músicas gauchescas, entusiasmando a todos, escutei um grito:

— Tenente!

Um homem aparentando seus 68 anos, usando uma boina azul-marinho tipo a do gaúcho do Big Brother, usando uma camiseta igual à minha, mas de bombachas e alpargatas, postou-se à minha frente como um verdadeiro soldado de cavalaria, com o mesmo garbo de seus 18 anos. Eu o reconheci no mesmo momento e respondi à sua continência, para logo depois nos abraçarmos com os olhos marejados. Foi na verdade um tanto cômico para as pessoas que nos rodeavam naquele momento. Nesse meio-tempo alguém gritou:

— Salvaram o cavalo!!!

O povo vibrou batendo palmas, gritando e se abraçando. O soldado me olhou, pegou o microfone de uma senhora que comandava o som comunitário e gritou:

— Silêncio! Silêncio! Silêncio!

As pessoas se assustaram com os gritos do gaudério e o silêncio foi mortal. Então ele abriu um sorriso e declamou com uma voz de locutor de rádio:

— *Minha gente!*

Não era apenas um cavalo

Não era só um cavalo...

Era um monumento vivo

Dos andarengos da Ibéria

Que mesclou em cada artéria

Do rubro sangue nativo
O ancestral primitivo
— cara limpa, lombo nu —
Que carregou o xiru
Pelas terras missioneiras
E que tombou nas fileiras
Das tropas de Tiaraju.

Não era só um cavalo...
Era a própria imagem
Do Rio Grande açoriano
Que alargou meridianos
Pelas rotas de passagem.
Era o cavalo selvagem
Rasgando campo e fronteira
Perdido na polvadeira
Ou entre a chuva e o vento
E que invadiu Sacramento
Com Dom Cristóvão Pereira.

Não era só um cavalo...
Era o esteio da lida
Que a cada marcha tropeira
Se fez alma aventureira
Para ofertar a própria vida.
E nesta saga sofrida
De desbravar o sertão
Percorreu cada rincão
Desse Brasil continente,

Sustentando nossa gente
Para erguer uma Nação.

Não era só um cavalo...
Era um herói da terra
Que a história não menciona
E que o covarde abandona
No entrevero da guerra!
Que, vendo a morte, não berra,
Porque engole o sofrimento
— Soldado sem regimento
Da velha estirpe proscrita —
Que foi garupa pra Anita
E montaria de Bento.

Não era só um cavalo...
Era o Rio Grande em pelo!
E no horizonte da incerteza
Enfrentou a natureza
Neste último atropelo,
Tostado sem marca e selo
Pelo-duro que se amansa,
Que na rédea é uma balança
E na vida é um regalo
Cavalo que é bom cavalo
Pro trabalho, e para as crianças.

E não era só um cavalo...
Era também um amigo,

E um amigo não fica para trás...
Tu és símbolo do nosso amado Rio Grande do Sul
@destacar®[31]

Assim que ele terminou, um catarina saltou do meio da multidão, no meio da agitação que se formava, já um tanto embriagado pelo cansaço. Ele pegou o microfone com determinação como se estivesse dizendo "agora é a minha vez", e também recitou:

O gaúcho do Rio Grande
sempre afeito a desafios
não teme enchente de rios,
nem o ruir de suas pontes.

Se o vale não lhe dá passo
se agarra firme no laço
e se atravanca nos montes

Ser gaúcho é ser pacato,
tranquilo no chimarrão,
todo mundo é seu irmão.

Cada casa é um aconchego.
Se não tem onde dormir
até começa se rir e se
acosta no pelego.

Agora seu pago amado está
quase embaixo d'água,
mas ele não leva mágoa

---
[31] Osmar Ransolin.

contra São Pedro ou quem for.
Lamenta triste esta enchente
mas logo se põe valente e dá
relho na dor.

Pega seu pingo encilhado
e se manda de repente
ajudar a ajudar qualquer vivente
que precisa que o acuda,
corre que corre apressado
dá garupa ao flagelado e vai fazer outra ajuda.
Quando o cavalo arrenega
diante da imensa lagoa,
ele pega uma canoa, faz de remo o seu facão,
liberta pessoas ilhadas nos telhados e sacadas
esperando salvação.

Depois de um dia agitado, o gaúcho
solidário refaz o itinerário de retorno
à sua casa.
Faz uma breve oração, prepara
seu chimarrão e mete a carne na brasa.

Bendito és tu, ó gaúcho, que,
quando cais, cais de pé e nunca perdeste
a fé mesmo na dor desta enchente, sofrendo este
golpe duro, sonhas com um belo futuro
olhando a vida de frente.

O cara foi aplaudido com lágrimas e nesse mesmo instante um padre com sua batina preta surgiu não sei de onde e pediu para todos darem as mãos e rezou:

— *Pai-nosso que estais no céu*
Estejas conosco no chão
Conduz a nossa caminhada
Clareia na escuridão
Nos ensina a ter confiança
E a paciência de um alazão
Nos dê aconchego ao pensamento
E afaga o nosso coração.[32]

Pouco antes do pregador terminar sua oração, senti uma mão pesar sobre meu ombro. Olhei para trás e ali estava Jesus junto a seus doze apóstolos sorrindo, irradiando uma energia divina que nos iluminava.

Pus também a minha mão sobre o seu ombro e olhando bem dentro dos seus olhos eu lhe disse:

— Tu estás correto, tudo vai passar, a situação vai mudar e a tranquilidade voltará como um alívio, mas somente aqueles que vivenciaram isso sentirão para sempre o impacto e apenas eles refletirão sobre o que estão passando e o que desejam para o futuro. Eles irão refletir, tomarão medidas e saberão exigir para que seus filhos não sofram as consequências da epidemia e das enchentes, que já deixaram sua marca na mente de todas as crianças. Passaram pela epidemia da covid-19 com aulas on-line e agora estão privados novamente da escola e do convívio social com seus colegas. Esperamos que o povo brasileiro, ou melhor, o gaúcho, nunca mais se deixe governar com indiferença, como cordeiros, por aqueles que só querem lucro pessoal. Cada um preocupado em resolver seus próprios problemas e que o resto se dane. Caso contrário,

---

[32] Retirado das redes sociais.

que mudanças terão? Que futuro os aguarda? Tu tens razão, a situação vai mudar, o sol vai brilhar e tudo será esquecido? Será assim?[33]

— Eu estarei com eles — respondeu Ele —, podes ter certeza, e eles vão se erguer como gigantes há muito adormecidos.

— Assim espero.

Logo desapareceram, foram apenas alguns segundos, aqui eles eram os invisíveis...

A intensidade da chuva aumentou, caía torrencialmente mascarando as lágrimas de todos e infelizmente interrompendo os trabalhos dos voluntários.

Um repórter acompanhado de um cinegrafista de uma emissora local veio me entrevistar, escolhendo-me por acaso. Eu já o conhecia da cidade; ele era um tanto repugnante, pouco asseado, tinha os cabelos sempre caindo pelo colarinho e a ponta da camisa para fora da calça cáqui, que era folgada demais para o meu gosto. Ele começou a fazer perguntas:

— Boa noite, senhor, qual o seu nome, por favor?

— Voluntário — respondi me afastando do cara.

Seu cinegrafista era uma jovem negra, com não mais de 28 ou 29 anos. Seu rosto era delicado e juvenil e suas unhas estavam longas o suficiente para intimidar qualquer pessoa indesejável. Ela sorriu em aprovação à minha resposta, e acredito que ela também achou o sujeito um babaca.

***

---

[33] Inspirado em um texto que apareceu nas redes sociais, não sei quem escreveu.

8ª parte

Betânia era uma vila localizada a três quilômetros de Jerusalém, do outro lado do monte das Oliveiras. Essa pequena vila ficava na estrada para Jericó, próxima de Betfagé, onde viviam Maria, Marta e seu irmão Lázaro. Lázaro era um famoso líder zelote muito procurado pelos soldados romanos. Ele era considerado um terrorista pelas autoridades romanas, pois frequentemente se envolvia em confrontos e atacava os soldados do império.

Tudo era muito louco, pois enquanto eu estava com a gangue dos apóstolos o tempo no século XXI passava despacito. Assim eu ia e voltava para o meu tempo com as meninas não sentindo minha falta. Já no século primeiro os dias iam passando rápidos.

Em uma das vezes em que retornei, soube que Lázaro havia falecido após uma longa doença. Jesus esperou três dias para visitar sua sepultura. Acompanhei-os nessa jornada, afinal, para mim, caminhar três quilômetros já não era tão difícil, pois eu frequentava a academia regularmente e também costumava fazer longas caminhadas à beira-mar.

Quando nos aproximamos, Maria muito chateada disse para Jesus:

— Se tu estivesse aqui há mais tempo, ele não teria morrido.

Eu pensei na pátria verde e amarela, se os militares tivessem agido a tempo, também não estaríamos sendo enterrados vivos. Mas nada, como todo borra botas, e corruptos, nada fizeram.

Jesus caminhou até o local onde Lázaro estava, mandou retirar a pedra da pequena gruta onde ele estava e gritou:

— Sai daí, cara, não chegou tua hora ainda.[34]

---

[34] João, Bíblia, p. 1.506.

Nesse mesmo instante, nuvens negras cobriram o céu deixando somente um espaço para o sol iluminar Jesus como a um farol. Logo depois elas se dissiparam.

Poucos minutos se passaram e Lázaro saiu da sepultura, exibindo uma aparência saudável. Eu dei uma risada, mas os apóstolos me lançaram olhares desaprovadores diante do meu sarcasmo. Caramba, ele não estava morto, pensei, estava apenas escondido dos romanos. João me conduziu até o interior da gruta, e foi nesse momento que percebi que era impossível alguém sobreviver quatro dias naquele lugar. Até então, eu acreditava ser um abrigo subterrâneo, mas na verdade era o seu túmulo.

Me aproximei de Jesus e lhe perguntei:

— Se és capaz de ressuscitar este homem, um zelote, por que não podes abrir a mente das pessoas para a sensatez, para a liberdade, para a democracia? Tenho certeza de que entendes do que estou falando. Mas, se estiveres envolvido nesse grupo todo como dizem que o teu representante, o papa, está, a situação fica complicada. Espero que não estejas, pois conheces países como Cuba, Venezuela, Coreia do Norte, Nicarágua e tantos outros, e sabes como é a vida lá; um dia a dia desolador e tu e teu Pai deixando a banda passar.

"Tenho certeza, meu amigo — continuei —, que não é com invasões de terras, escolas depredadas, professores perdendo todo o respeito, proibição de religiões e tudo o mais que o esquerdismo prega que ficarás satisfeito com tudo o que tu e teu pai criaram. Já te disse, não queremos interferências, queremos, sim, uma orientação. Ou vais provocar um maremoto novamente? Seria incrível, mas ao mesmo tempo fácil demais para ti, não é?

Após esse episódio maravilhoso dele ressuscitando Lázaro, Jesus foi recebido em Jerusalém como um verdadeiro líder. Não sobre um garanhão puro-sangue, muito menos em uma moto Harley-Davidson, como o nosso capitão, que também arrastava multidões, mas simplesmente montado em um jegue deixando os sacerdotes horrorizados e muito desgostosos, assim como a muitos judeus que esperavam um rei entrando com toda pompa que lhe seria pertinente... Caraca, sob domínio do Império Romano desde 63 anos antes de Cristo, os judeus ansiavam por um líder que os conduzisse contra os invasores. Inesperadamente, Jesus entra em Jerusalém montado em uma mula! Por ouro lado tinham Herodes, nomeado rei por Antônio, tornando-se cúmplice dos invasores e eliminando qualquer opositor que se atrevesse a desafiar seu domínio sobre Roma. O rei Herodes estendeu seu poder além da Judeia. Seu governo foi extremamente repressor, era o braço forte do imperador Augusto de Roma. Além de político perverso e opressor, Herodes é visto também como grande construtor. Em Jerusalém, construiu seu palácio, a torre Antônia e reconstruiu o templo. Além disso, na Palestina, construiu a fortaleza de Massada, o próprio mausoléu onde foi enterrado e a cidade de Cesareia Marítima em homenagem a César, além de ginásios e outras cidades. Todos esses gastos acabaram caindo sobre o povo, com a cobrança de pesados impostos. Foi considerado o maior chefe da nação judaica, depois de Davi e Salomão.[35]

Se eles soubessem o tempo que os romanos ainda permaneceriam na Terra Santa, com certeza já teriam pegado em armas e tentado um ultimato; e mais, Roma foi o império que nomeou a região como Palestina e, sete décadas depois de Cristo, expulsou os judeus de suas terras depois de lutar contra os movimentos nacionalistas que buscavam independência.

Ah, então a Palestina foi assim denominada pelos romanos, não existia até então, era um deserto habitado por judeus, só depois surgiram os árabes? Entendido!!!

Era agora ou nunca, teriam que eliminar esse homem que arrastava multidões com ideias maravilhosas. (Caraca, a história de uma maneira ou outra se repetia; aliás, basta ler Isaías 59:14–15):

"14. Justiça é posta de lado, e o direito é afastado. A verdade anda tropeçando no tribunal, e a honestidade não consegue chegar até lá.

---

[35] Informações do Google.

15. A verdade desapareceu, e os que procuraram ser honestos são perseguidos."

Quanto o nosso Judas recebeu para eliminar nosso capitão ninguém sabe ainda, mas o nosso Jesus foi traído por trinta peças de ouro. Não adianta, o dinheiro sempre dominará o mundo, e a corrupção sempre será endêmica.

Eu estava com eles, descansando em Getsêmani e, pouco antes de Judas aparecer, eu lhe perguntei (eu sabia que seria a última vez que estaria com ele vivo):

— Mestre, se é verdade que somos espíritos, por que estamos neste mundo? Por que as guerras, o banditismo, a corrupção, a necessidade que as pessoas têm pelo poder? Por que o egoísmo, a arrogância, a ganância, a soberba???

Ele me abraçou, estávamos sentados na grama, olhou-me com um carinho que eu nunca havia sentido antes e me respondeu:

— Estamos presentes para acompanhar toda a tua reflexão, ou seja, para progredir moral, intelectual e espiritualmente. Todas as ocorrências são causadas pelos espíritos menos desenvolvidos que reencarnaram repetidas vezes para aprender com suas próprias ações aqui. Todos esses infortúnios decorrem de espíritos pouco evoluídos que ainda não compreenderam que somos amor e luminosidade, semelhantes a Deus, pois somos provenientes do Criador. Estamos aqui para aprender e depois voltarmos para casa.

— Mas, cara, mudando de assunto, tu sabes que vais ser traído, não vais fazer nada?

— Para tudo tem um porquê e um para quê! Tanto Judas como Pedro na verdade são um contraste interessante. Judas me trairá por trinta moedas de prata, entretanto Pedro me negará três vezes. Ambos serão consumidos pelo sentimento da culpa. Ambos me pedirão perdão. Judas chegando ao extremo de suicidar-se e Pedro regressando a mim. Assim é a vida, querido amigo. Todos nós somos um pouco como Judas e um pouco como Pedro, todos sabemos dos nossos erros e dos nossos pecados e está em nós nos arrependermos ou não.

Judas chegou, me surpreendi com sua figura, assim como já havia me surpreendido com Mateus — hoje Mateus seria diagnosticado como um autista de alto rendimento, com certeza —, Judas também era muito diferente do personagem da série. Esse que acabava de conhecer tinha ombros de gorila e o rosto grande de feições, por incrível que pareça, simpáticas; chegava dos soldados romanos e dos sacerdotes. Quando ele apareceu entre os soldados, eu me ergui como um judeu, leão, prestes a atacá-lo, consciente de suas intenções. Jesus segurou meu braço e disse:

— Senta, tu não podes mudar a história.

Ele estava certo. Eu não podia e não conseguiria. Sentei-me e esperei a traição do cara.

Judas beija Jesus e o fato se consuma com a mesma história do século XXI. Aqui ele é trocado por Barrabás e condenado a morrer crucificado; após dois mil anos nossa esperança é trocada por outro bandido, corrupto, condenado, absolvido com a cumplicidade de generais e dos homens de preto da Suprema Corte.

Assim como eu estava aqui para vivenciar uma traição, eu também estava lá, ninguém me contou, eu vi, acompanhei tudo, bah! Tchê loco meu, como não acreditar:

19 horas: Jesus lava os pés de seus discípulos;
20 horas: Jesus, na última ceia, institui a Santíssima Eucaristia;
21 horas: Jesus reza no Horto das Oliveiras;
22 horas: Jesus entra em agonia e sua sangue;
23 horas: Jesus recebe o beijo de Judas, o traidor;
0 hora: Jesus é preso;
1 hora: Jesus é levado a Anás;
2 horas: Jesus é entregue a Caifás;
3 horas: Jesus é negado por Pedro;
4 horas: Jesus é condenado à morte pelo Sinédrio;
5 horas: Jesus é conduzido a Pilatos;

6 horas: Jesus é desprezado por Herodes;
7 horas: Jesus é devolvido a Pilatos;
8 horas: Jesus é posposto a Barrabás;
9 horas: Jesus é flagelado;
10 horas: Jesus é coroado de espinhos;
11 horas: Jesus carrega a cruz por amor a nós;
12 horas: Jesus, despojado de suas vestes, é pregado na cruz;
13 horas: Jesus perdoa o bom ladrão;
14 horas: Jesus entrega Maria por Mãe;
15 horas: Jesus morre;
16 horas: Jesus é transpassado por uma lança;
17 horas: Jesus é descido da cruz e entregue nos braços de Maria;
18 horas: Jesus é sepultado.

Presenciar a crucificação de Jesus ao vivo, como eu tive a oportunidade de assistir, é uma crueldade indescritível, muito diferente das representações em filmes, teatros, revistas e jornais. É uma morte terrível, onde a pessoa sofre intensamente. Geralmente, os condenados levam de três a cinco dias para falecer nessa tortura; no caso de Jesus, sua morte foi mais rápida, ocorrendo em seis horas após ser crucificado. Contrariando o que é comumente retratado, seus pés não foram pregados no suporte da cruz, mas sim presos às laterais. Esse suporte funcionava como um pequeno banco onde os condenados podiam se sentar brevemente para facilitar a respiração; por vezes, os guardas quebravam as pernas dos condenados para evitar que se sentassem e acelerar a morte. Além disso, Jesus e os outros condenados ficavam completamente nus durante a crucificação. A tela mais representativa e chocante que eu havia visto era uma pintada em 1652, por Diego Velázquez (1599–1660), para Filipe IV. Quadro religioso, retratava a morte de Jesus com uma atmosfera barroca pesada e solene. O momento da morte é, por definição, hora de isolamento. O quadro está no Museu do Prado, em Madri. É a cena mais solitária pintada sobre a morte de

Jesus. Há nele o abandono e a dor, mas também a serenidade alcançada pelo fim. Tudo está consumado.[36] Mas muito longe do que foi de fato.

Um pouco antes de retirarem Cristo da cruz, e levá-lo para sua tumba, materializaram-se ao meu lado um padre e um oficial do exército alemão, provavelmente dos anos 1940 pela apresentação de seu uniforme da Segunda Guerra Mundial. Me olharam admirados por instantes, quando então o padre falou para o alemão:

— Os santos são discretos, capitão. Eles são sacrificados nas tarefas do dia a dia. Admiráveis em seu amor ao próximo, em sua ira e indignação, e em sua aspiração de criar esperanças para os demais. Às vezes usam hábitos, outras vezes trajes civis e até botas com esporas. É preciso ser tão prudente e astuto quanto Deus aconselha, como serpentes e tão inocente como pombas.[37]

Madalena aproximou-se, mais uma vez eu me tornava visível para ela. Eu questionei o que os unia, aquele homem e ela. Ela respondeu:

— A nossa imperfeição nos uniu, ambos altivos, ambos convencidos de que qualquer sacrifício traria benefícios. Por outro lado, também as nossas disparidades, que residiam no que tínhamos optado por sacrificar. Eu havia decidido pagar com uma parte da minha existência a oportunidade de ser novamente eu mesma, isto é, a arrogância não apenas de me conhecer, mas também de superar o outro, mesmo que isso implicasse uma tradição antiga e prejudicial como a judaica. Ele havia optado por pagar com a vida a chance de ser eterno, de se transformar em um texto, disseminar-se. Era um visionário que se nutria de si próprio. A construção da sua própria imagem, o sucesso das suas ideias, a devoção dos seus seguidores eram suficientes para saciar o seu apetite. Que apetite? Apenas por transgressão? Um apetite revolucionário contra a injustiça, contra os injustos.[38]

Nos abraçamos sem eu dizer nada, dei-lhe um beijo carinhoso e nos despedimos.

Quando tudo chegou ao fim, fechei os olhos para me despedir de todos e, em questão de segundos, lá estava eu na sala da minha casa

---

[36] Google.
[37] Inspirado no livro *Lumen*, de Ben Pastor, p. 326, 1ª edição.
[38] Inspirado no livro *O evangelho segundo Maria Madalena*.

com minhas meninas assistindo televisão. Eu surgi desta vez trajando as roupas deles, do século primeiro. Estava sujo e com as sandálias cobertas de lama.

— Onde andaste? — minha esposa perguntou assustada e surpresa com minhas vestimentas, assim como as meninas.

— Estive com Ele, com Jesus.

— Com quem?

— Com Jesus.

Ela deu um sorriso perplexa e ao mesmo tempo debochada perguntando:

— Ele perguntou por mim? Mandou me dizer alguma coisa?

— Claro!

— O quê?

— Para praticares mais a gratidão.

Dei um beijo em todas e ao me virar para ir ao banheiro tomar um banho e retirar aquela vestimenta reparei na parede, atrás da mesa de jantar, uma tela pintada à mão, com pinceladas perfeitas e um colorido magnífico, obra de um verdadeiro artista, ainda sem moldura. Nela, estava retratada a figura de Jesus, sentado em uma pedra no jardim de Getsêmani, com uma expressão de surpresa e olhos que refletiam profunda solidão. Eu estava sentado na grama ao seu lado, com uma alegria secreta e incompreensível, típica de uma criança antes de compreender o sofrimento;[39] como se estivéssemos conversando. Se ela tivesse estudado obras de arte, diria que estava pintando à maneira de Leonardo da Vinci, sem contornos definidos, com tudo meio nublado (ou *esfumato*, como dizem). Olhei rapidamente para minha filha esperando algum comentário, mas Natália apenas me deu uma piscada e um sorriso como se me dissesse: "Eu sei o que andas aprontando".

---

[39] Inspirado no livro *A falsificação de Vênus*, de Michael Gruber.

9ª parte

Após algum tempo, contemplando as obras de arte da minha filha, comecei a me questionar ainda mais. De fato, haviam passado algumas semanas, alternando entre a presença do Nazareno e dos seus seguidores. Acompanhei muitos e testemunhei inúmeros acontecimentos. No entanto, algo estava em falta. Faltava-me uma certa clareza sobre as identidades, quem era realmente quem, quem foi verdadeiramente seu parceiro mais próximo: João, Mateus, André, Maria, Maria Madalena, Tiago, Felipe, Pedro — Judas certamente não foi. Quem teria sido o seu fiel aliado?

Fui convidado pelo dono de uma livraria no Shopping Atlântico, a Top Livros, para participar junto com os artistas e escritores da Academia Nacional de Ciências, Letras e Artes da Feira Literária que ele iria organizar em julho. É claro que aceitei, pois seria uma chance excepcional para me revelar como autor à comunidade da cidade, assim como os outros membros acadêmicos, e teríamos uma exposição muito promissora. Os escritores apresentariam seus livros e os artistas fariam uma exposição de suas obras. Fantástico! Combinamos e nos dividimos em plantonistas, todos sendo responsáveis pelas obras de todos. O meu caiu para uma sexta-feira à tarde e sábado pela manhã, mas consegui trocar para o período da tarde no sábado.

Foi realmente maravilhoso; além dos nossos escritos, a livraria apresentou uma gama de autores de livros extraordinários. Eu me deliciei, pois os preços eram irresistíveis.

Nas trocas de ideias com indivíduos e colegas escritores, mencionei que estava redigindo o *Homem invisível*, no qual a personagem é arrebatada pela Bíblia. Nesse instante, um deles me sugeriu o *Evangelho segundo Maria Madalena*, descrito como "uma representação feminista, audaciosa e sedutora de uma mulher independente, cujo papel na formação do Cristianismo foi progressivamente apagado ao longo dos tempos pelos líderes eclesiásticos masculinos", conforme constava na contracapa do livro.

Adquiri e em dois dias devorei de ponta a ponta, verdadeiramente uma obra-prima por um lado; porém, que decepção, pois, se o relato é autêntico, caramba, todo o meu estudo prévio se revela uma farsa. Que lamentável... realmente somos todos uns canalhas.

10ª parte

Após um ano dos ocorridos, uma brasileira com síndrome de Down surpreendia o mundo com pinceladas magníficas, retratando figuras como Jesus, Maria Madalena, Maria e seus apóstolos; assim como cenas e locais como a crucificação, o túmulo de Lázaro e tantos outros. A obra mais impressionante, entretanto, era da gruta onde Ele fora posto após sua morte. Soube tempos depois que a gruta pertencia a um judeu, José de Arimateia, do Sinédrio (Suprema Corte judia legislativa e judiciária de Jerusalém). Somente ele, Nicodemos, Maria, Madalena, Ana e João Zebedeu estiveram presentes na crucificação do Nazareno. Seu manto estava atirado sobre a pedra, já o que cobria sua cabeça, sujo de sangue em que ela desenhara perfeitamente as manchas de sangue de seu rosto, estava literalmente dobrado. Cobertas e/ou mantos dobrados significavam que a pessoa retornaria...

Seus desenhos eram verdadeiros registros visuais de uma era passada repleta de narrativas e aventuras, expondo na galeria Doria--Pamphilj, um museu da cidade de Roma, a capital italiana, situado no Palazzo Doria-Pamphilj. Natália compartilhou espaço com as obras de pintores renomados como Tintoretto, Ticiano, Rafael Sanzio, Correggio, Caravaggio, Guercino, Gian Lorenzo Bernini, Parmigianino, Hans Memling e Velázquez.

O Papa Francisco foi o primeiro a visitar e abençoar suas criações.

Epílogo

"A lógica da criação
(Oswaldo Montenegro)
O mérito é todo dos santos
o erro e o pecado são meus.
Mas onde está nossa vontade,
se tudo é vontade de Deus?
Apenas não sei ler direito
a lógica da criação.
O que vem depois do infinito
e antes da tal explosão?
Por que o tal ser humano
já nasce sabendo do fim?
E a morte transforma em engano
as flores do seu jardim?
Por que que Deus criou um filho
que morre antes do pai?
E não pega em seu braço amoroso
o corpo daquele que cai?
Se o sexo é tão proibido,
por que Ele criou a paixão?
Se é Ele que cria o destino,
eu não entendi a equação.

Se Deus criou o desejo,
por que é pecado o prazer?
Nos pôs mil palavras na boca,
mas que é proibido dizer.
Por que, existe outra vida,
não mostra pra gente viver?
Por que me deixa no escuro,
se a luz Ele mesmo que fez?
Por que me fez tão errado
se d'Ele vem a perfeição?
Sabendo, ali quieto, calado,
que eu saí cria da confusão.
E a mim que sou tão descuidado,
não resta mais nada a fazer.

Apenas dizer que não entendo, meu Deus,
como eu amo você."

Oswaldo Montenegro
FIM

COMENTÁRIOS SOBRE OS LIVROS DO AUTOR

ROSANGELA MARCICO LEHMANN (Suíça)

    Tenho tido o privilégio de ler os originais dos livros do nosso Luiz Antônio Hecker Kappel, escritor gaúcho, radicado em Camboriú, antes mesmo de serem enviados à editora. Acompanhei de perto seu crescimento como escritor e me deliciei com seus dois últimos livros, *Poder e sedução*, já à venda, e *Por baixo do pano*, para mim um dos melhores livros que li neste ano, que será colocado à venda (pela Editora Viseu) a partir de julho deste ano. Esses dois livros mostram toda a criatividade, o trabalho de pesquisa, o humor e a maestria de Luiz Antônio Hecker Kappel em contar uma estória... Parabéns, Tonho! Uma honra para mim ser tua amiga e fã de carteirinha!

CARMEM LUCIA DAME WREGE
(arquiteta, Pelotas, RS)

    Tonho, eu sou muito sentimento. Posso te dizer que o livro que mais me tocou foi o *Aos trancos e barrancos*. Eu ri, eu chorei, eu torci por ti. Vibrei. Um livro que aflora na gente todas as emoções. Para mim, foi esse. Pois é difícil escrever as nossas andanças dessa maneira simples como tu escreveste. Em *Poder e sedução*, estavas te sentindo seduzido e seduzindo. Então deste o teu melhor.

MARCO ANTONIO MESITER
(cirurgião-dentista, Itapema, SC)

Cicatriz da Palestina é uma obra-prima do meu amigo Luiz Antônio H. Kappel. Um romance de tirar o fôlego, em que além de ter o privilégio de sentir-se presente nas cidades mais inusitadas, como Porto Alegre, Brasília, Jerusalém, Roma, entre outras, você também desfruta de verdadeiras aulas de história, geografia e política envolvidas na trama. Uma pitada de amor especial, representado por um grupo de jovens com síndrome de Down, e toda a sua riqueza encerram o contexto, juntamente com uma história de amor avassaladora entre um judeu-palestino e uma palestina-judia (por que não dizer, ha, ha, ha?). Recomendadíssimo para todos os amantes da boa leitura. Eu o devorei em dois dias...

NAIRA PERONI (enfermeira, Porto Alegre, RS)

Para mim foi o *Cicatriz da Palestina*, um livro marcante e leve, parecia que eu estava lá contigo. Ele nos convida a mergulhar nas profundezas da mente de um personagem tão real que parece saltar das páginas.